MISTÉRIA

PIETRO BRAMBATI

DELITTO A PORTA VITTORIA

THRILLER

LEONE EDITORE

Pietro Brambati
Delitto a Porta Vittoria

ISBN 978-88-6393-645-2

www.leoneeditore.it

Ombra fugace dalla luce uscita,
al sol misuri i passi,
all'uom la vita.

Anonimo

PRIMA PARTE

UNO

Ernesto Cazzaniga nacque a Milano lo stesso giorno in cui Benito Mussolini e Claretta Petacci venivano appesi a testa in giù alla pensilina del distributore Esso di piazzale Loreto. Figlio unico di Pietro Cazzaniga, un commerciante di frutta e verdura più dedito al gioco delle carte e, quando se lo poteva permettere, a quello della roulette, ai margini dei cui tavoli gli capitava più spesso di perdere che di vincere, obbligando se stesso e, quel che è peggio, la sua famiglia, a vivere in continue ristrettezze economiche, e di Virginia Patrini, una donna mite e succube del marito, a cui per tutta la vita toccò di tamponare i buchi economici procurati dal consorte, lavorando in casa come sarta. Ernesto trascorse i primi anni dell'infanzia tra le macerie del Dopoguerra, giocando per le strade come tutti i ragazzini dell'epoca, e dimostrandosi, fin dalle elementari, diligente e studioso.

Nonostante i buoni propositi e l'intenzione del padre che lo voleva laureato per evitargli di prendere il suo stesso cammino nel commercio di frutta e verdura, Ernesto non riuscì mai a raggiungere tale traguardo. La morte improvvisa dell'uomo, avvenuta per arresto cardiaco durante un'ennesima discussione con la moglie, che non mancava mai di rinfacciargli il vizio del gioco, mentre egli frequentava il terzo anno di liceo scientifico, lo obbligò, per motivi meramente pratici, a dirottare i propri studi verso un più modesto ma utile diploma.

Superati brillantemente gli esami di ragioneria, si dispose con pazienza alla ricerca di un posto di lavoro. Inoltrò diverse domande di assunzione a enti statali e a imprese private, ma poiché, com'era prevedibile, le attese non sarebbero state brevi, accettò un lavoro di apprendista commesso in un negozio di abbigliamento del centro. Lavoro non adeguato al suo titolo di studio e inoltre noioso, per via delle lunghe ore in attesa dei clienti, con i quali, quando finalmente entravano, nemmeno ci parlava, per ovvia mancanza di esperienza in materia, limitandosi ad ascoltare e a eseguire gli ordini che gli venivano impartiti dal titolare.

In quel negozio lavorò per oltre un anno, durante il quale imparò a riconoscere al tatto il pregio delle vigogne e dei pettinati e a vestirsi con eleganza e gusto, qualità che conservò per il resto della sua vita. Di questo fu sempre grato in cuor suo al signor Messina, il proprietario, che lo aveva subito preso a ben volere; un uomo alto e diritto, allora più vicino ai sessanta che ai cinquanta, con i capelli grigi impomatati all'indietro e un paio di baffetti a spazzola, originario della Sicilia e sbarcato con la moglie a Milano, in cerca di fortuna, in un imprecisato periodo tra le due guerre.

Rimasto vedovo dopo i quaranta, il signor Messina restò fedele alla defunta moglie per una decina d'anni, dopodiché, forse sospinto da una insopportabile solitudine, o più verosimilmente dal desiderio di coricarsi accanto al corpo caldo di una donna sul quale di tanto in tanto scaricare la propria vitalità non ancora svanita, convolò a nuove nozze con una donna di vent'anni più giovane di lui.

Ernesto Cazzaniga la vedeva arrivare in negozio tutte le mattine intorno alle 10.00: alta, formosa, con i capelli castani, lunghi e ondulati, che le ricadevano soffici sulle spalle. Il passo deciso, sfrontato, altero. Vestiva sempre con abiti aderenti che modellavano le forme del suo corpo, risaltandone mirabilmente le convessità e le rientranze. Si chiamava Teresa ma Messina si rivolgeva a lei chiamandola più confidenzialmente Cicci.

Entrava in negozio senza nemmeno salutare, o al massimo facendo un leggero cenno con la testa, accompagnato da un mezzo sorriso sulle labbra, che aveva rosse e carnose, e subito si ritirava nel retrobottega, dove restava a sbrigare la contabilità fino all'ora di pranzo. Di pomeriggio non veniva quasi mai, se non in rare occasioni e come di passaggio, per scambiare alcune parole col marito. Di questo Ernesto era grato, perché la sessualità straripante del suo corpo, ma prima ancora lo sguardo gelido e sprezzante, lo mettevano tremendamente a disagio. La vedeva come una figura astratta, lontana dal mondo che la circondava. Perfino con Messina, che era il marito, manteneva quel suo atteggiamento freddo e distaccato.

Un mattino, non erano trascorsi più di cinque o sei mesi da quando il ragazzo lavorava in negozio, Messina gli annunciò che doveva recarsi a Brescia da un commerciante all'ingrosso per trattare l'acquisto di alcuni tagli di stoffe.

«Pensaci tu a chiudere il negozio all'ora di pranzo e a riaprirlo alle tre» gli disse affidandogli le chiavi. «Io non sarò di ritorno prima delle cinque.»

Il titolare se n'era andato da non più di mezz'ora, quando la signora Teresa fece il suo trionfale ingresso nel negozio, imponente e profumata come al solito. Ernesto si sentì venir meno. Il pensiero di dover trascorrere tutta la mattina da solo con lei lo metteva in uno stato di profonda agitazione.

Cercò di calmarsi. Tanto, si disse, lei sarebbe scomparsa come al solito nel retrobottega, restandovi fino all'ora di pranzo. Fu così che andò, infatti, ma con una piccola variante degli eventi, che non furono certamente dettati dal destino né tantomeno dal caso, bensì congegnati apposta dalla mente umana che non finisce mai di stupire.

Fatto sta che quando arrivarono le 12.30 e il giovane non la vide sbucare da dietro la spessa tenda di cretonne che divideva il salottino prove dal retrobottega, pensò semplicemente che, essendo tutta presa dal controllo dei conti e delle fatture, non si fosse accorta che era giunta l'ora di pranzo. Aspettò ancora qualche minuto, poi si avvicinò in silenzio divisorio e senza toccarlo disse: «Signora, è ora di pranzo».

La risposta arrivò immediata, come se Teresa l'avesse avuta pronta sulla punta della lingua.

«Chiudi pure.»

Ernesto restò un attimo incerto, sembrandogli strana la cosa e domandandosi come avrebbe dovuto comportarsi. Infine alzò le spalle, prese dal cassetto le chiavi che il signor Messina gli aveva affidato e andò a chiudere la porta a vetri del negozio. Dopodiché estrasse dalla vecchia cartella di cuoio i due panini al prosciutto che sua madre gli aveva preparato e si predispose a mangiare il suo pasto dietro al bancone.

Giunto alla fine del primo panino, mentre stava per azzannare il secondo con una fame non ancora sopita, com'è naturale per un ragazzo di diciotto anni nel pieno della forza vitale, la voce della signora Teresa lo chiamò, perentoria.

Con un singulto peristaltico che quasi gli mandò di traverso il boccone, Ernesto scattò in piedi, interdetto. Perché mai lo chiamava? Che cosa poteva volere da lui? Egli intuì, non tanto perché lo aveva chiamato col suo nome, cosa che non era mai successa, quanto per il tono della voce alquanto perentorio che gli era apparso al tempo stesso tremolante come se fosse colmo di paura o emozione, che qualcosa di indefinibile e infausto stava per abbattersi su di lui.

La signora Teresa lo chiamò di nuovo, spazientita. A quel punto si avvicinò alla tenda di cretonne, senza ancora decidersi a superarla.

«Vieni un momento, ho bisogno di te.»

Titubante, il ragazzo spostò la tenda ed entrò. Il retrobottega era un locale non tanto grande, nel centro del quale era sistemato un lungo tavolo che fungeva anche da scrivania; sulla parete di destra c'era un armadio di metallo con allineati all'interno i classificatori dell'archivio e, appoggiato alla parete di fronte, simile a un catafalco funebre, un consumato divano sopra il quale Messina, di tanto in tanto, schiacciava il pisolino pomeridiano.

«Volevo un tuo parere su questo vestito. Come mi sta?» domandò la signora Teresa ruotando lentamente su se stessa.

Indossava un abito di chiffon di seta color malva, con una generosa scollatura a barchetta sul davanti e una a V molto profonda sul di dietro, che metteva a nudo la schiena fino all'attaccatura armoniosa delle natiche, ed era a tal punto aderente che sarebbe stato praticamente impossibile toglierlo senza far saltare le cuciture già tese allo spasimo.

«Allora, che ne dici?» insisté la donna, continuando a girare su di sé, lisciandosi il vestito.

Incapace di parlare e stordito dall'intenso profumo che il corpo della donna emanava, Ernesto si limitò ad assentire scuotendo la testa. Quello che più attirava la sua attenzione erano i due enormi seni che quasi sbordavano dalla scollatura del vestito, il quale penosamente si sforzava di contenerli ogni volta che la signora Teresa respirava. Tremavano, sotto la leggera stoffa, come gelatina di paté, e benché il giovane non conoscesse ancora i piaceri profondi della carne, fatta eccezione per una esperienza in parte negativa con una prostituta nella macchina di un amico, sentì un immenso calore salirgli dal basso ventre e al tempo stesso il desiderio irresistibile di affondare le mani in quelle mammelle calde e succulente.

Ma, naturalmente, non ardiva muoversi, impedito non soltanto dalla stupefazione di ciò che gli stava capitando, ma soprattutto dalla soggezione che la signora Teresa gli aveva sempre trasmesso.

Dal canto suo la donna, non priva di trascorse esperienze in merito, capì che il ragazzo non avrebbe mai osato muoversi di volontà propria, sebbene negli occhi gli si leggessero indubitabili l'eccitazione e il desiderio. Risolse quindi la situazione, che rischiava di scivolare nel patetico, afferrandolo per il collo e trascinandolo verso il divano, sul quale, con un violento spintone, lo obbligò a sedersi. Senza dargli tregua armeggiò con sapienza intorno alla cintura dei suoi pantaloni, dopodiché, in un lampo, liberò i seni abbassando il lembo superiore del vestito, e poi, sollevando non senza fatica quello inferiore fin sopra la vita, gli montò cavalcioni imprigionandolo tra le sue spire con un sorriso trionfante.

Ernesto non poté fare altro che assecondarla. Quasi soffocato da quelle enormi mammelle, farcite da due capezzoli scuri incredibilmente duri e lunghi, che dondolavano sopra di lui come due boe tra le onde di un mare in tempesta, vi si aggrappò disperatamente per non annegare nel proprio orgasmo.

Da quel giorno, un paio di volte la settimana il Messina partiva per uno di quei suoi misteriosi viaggi d'affari e ogni volta che ciò accadeva il rito amoroso tra la signora Teresa e il giovane commesso si ripeteva su per giù con le stesse modalità, salvo per la pantomima del vestito che ormai non era più necessaria. Quanto a Ernesto, che durante lo svolgersi delle prime battaglie si era astenuto dal prendere iniziative per una sorta di soggezione che ancora persisteva, evitando persino di toccarla e quando proprio vi era costretto cercando di farlo il più educatamente possibile, adesso non aveva più timori: benedicendo il destino che lo aveva scaraventato in quel retrobottega, si disponeva alla battaglia mettendoci tutto il suo impegno per assaporare fino in fondo il miele intimo della donna, che, al pari di un'arnia stracolma, colava denso e dolce da ogni centimetro della sua pelle.

Trascorsi oltre tre mesi di quella tresca amorosa, che aveva regalato al ragazzo, oltre che il piacere della carne una nuova e più completa fiducia in se stesso, accadde che un mercoledì di fine ottobre, mentre la signora Teresa stava inginocchiata davanti a lui, seduto sul divano, concentrata in una manipolazione labiale di cui si era rivelata maestra, al giovane incappò l'occhio sul finestrino che c'era in alto, quasi a filo del soffitto, sulla parete opposta del retrobottega. Era un finestrino rotondo di vetro retinato, rotto e mai sostituito, tenuto insieme da alcune strisce di scotch trasversali e, nella parte inferiore, privo di una scheggia di vetro, attraverso il cui orifizio Ernesto ebbe la netta impressione che un occhio umano li stesse osservando. Pensò a uno scherzo della propria vista, o al gioco di riflessi che la lampada appesa al soffitto disegnava sul vetro, ma poiché da quel giorno ci stette attento e la sensazione dell'occhio si ripeté ogni volta, decise di togliersi quel dubbio dalla mente. Cosicché una sera, salutato alle 19.30 il titolare, che come al solito si tratteneva in negozio fino alle 20.00, uscì sul marciapiede e, dieci metri più in là, entrò nel portone del palazzo, attraversò il cortile interno e s'infilò nella porticina che dava nel cavedio, dentro al quale si affacciava il finestrino del retrobottega. L'atrio era buio, l'unica luce era quella che filtrava dall'oblò incriminato, sotto il quale, appoggiata al muro, era sistemata una vecchia scala di metallo. Ernesto vi salì facilmente, trovando subito l'orifizio e avvicinandovi l'occhio. Di lassù si riusciva a scorgere quasi per intero il retrobottega, ma ciò che era più in vista, quasi ne fosse stata studiata la giusta angolazione, era proprio il vecchio e consunto divano.

Fu così che il Cazzaniga scoprì dove in realtà si recava Messina quando partiva per quei suoi viaggi d'affari, e fu così che capì il perché la signora Teresa, quando cavalcava sopra di lui in cima al divano, spesso e volentieri si voltasse, torcendosi su se stessa e volgendo lo sguardo in direzione del finestrino, consapevole che il marito li stava osservando, consenziente, e anzi, molto probabilmente, ideatore e regista del lubrico gioco.

Naturalmente non disse nulla. Che il titolare li guardasse gli procurava. a onor del vero. fastidio e vergogna, ma d'altra parte la donna era un piatto troppo prelibato per rischiare di perderlo prima che ne fosse sazio.

E quando, alcuni mesi dopo, arrivò la risposta positiva della Banca popolare di Milano, dove a suo tempo aveva inoltrato domanda, e disse al suo datore di lavoro che non senza rammarico si vedeva costretto ad andarsene, l'uomo si dimostrò molto dispiaciuto. Cercò di dissuaderlo con la promessa che in seguito, quando sarebbe diventato più esperto nel lavoro, era sua intenzione aprire un altro negozio e metterci dentro lui come gerente. Ma Ernesto non si lasciò influenzare. Quel tipo di lavoro non gli piaceva, e poi ormai aveva deciso.

Nell'ultima settimana che passò in negozio, la signora Teresa non comparve, come a volergli dimostrare il suo tradimento. Il marito la giustificò vagamente, dicendo che non si sentiva molto bene. La sera del commiato, Messina gli consegnò la busta del mensile, dicendogli che sarebbe stato pronto a riprenderlo qualora in banca non si fosse trovato bene. Cazzaniga ringraziò. A casa scoprì che gli aveva dato uno stipendio in più.

DUE

Ernesto Cazzaniga e Carla Moltrasio si conobbero in occasione di una gita domenicale a Cervinia. Lui allora aveva venticinque anni e lei ventidue. Queste gite in pullman erano organizzate da una compagnia di amici di cui anche Ernesto faceva parte e alle quali sempre partecipava, benché non sapesse sciare e una volta giunto sul posto si accontentasse di starsene sul terrazzo di qualche bar a prendere il sole e a godersi lo spettacolo incomparabile delle vette innevate contro l'azzurro terso del cielo.

I partecipanti domenicali di quelle gite erano in linea di massima sempre gli stessi. Raramente, infatti, capitava che si aggregasse qualche nuovo partecipante e ancor più raramente accadeva che fosse di sesso femminile. Sicché al giovane Cazzaniga non poté sfuggire la comparsa di una ragazza alta e slanciata, dal volto ovale e regolare, con i capelli castani tagliati corti che la facevano sembrare più giovane della sua età.

Durante il viaggio venne a sapere che si trattava di un'amica di Mery, la ragazza che flirtava con Silvano, uno degli amici della compagnia, provetto sciatore e assiduo organizzatore di quelle gite. Nel viaggio di andata, da Milano a Cervinia, che durava circa tre ore e che costringeva i partecipanti a levatacce impossibili, Cazzaniga, agevolato dalla circostanza che tutti gli altri ragazzi erano già accoppiati, s'incaricò con piacere di far compagnia alla nuova venuta.

Giunti sulle nevi di Cervinia, il giovane scoprì che nemmeno lei sapeva sciare e che si era lasciata convincere di andare a quella gita dietro le continue insistenze di Mery, la quale, a suo dire, non smetteva mai di invogliarla a uscire da quell'isolamento in cui caparbiamente, e senza un motivo preciso, si era volutamente rintanata.

La compagnia si disperse. Lui e Carla passarono insieme l'intera giornata, passeggiando per le strade di Cervinia e chiacchierando, o sostando ai bordi della pista del ghiaccio a guardare con divertimento la gente che pattinava.

Nel viaggio di ritorno, agevolato dal buio che avvolgeva l'interno del pullman, Ernesto insinuò il braccio intorno alle spalle di Carla, stringendola a sé col chiaro intento di baciarla, e spingendo il suo ardire fino ad appoggiarle la mano sinistra sul petto, in un movimento che voleva apparire casuale; la ragazza, pur intuendo il contrario, non lo respinse, ma anzi, in qualche modo lo agevolò, facendogli sorprendentemente scoprire, sotto lo spesso maglione, la presenza di un seno, che si ergeva pieno e sodo, di cui il ragazzo non aveva avuto modo, fino a quel momento, di sospettarne l'esistenza.

A partire da quella domenica, non smisero più di vedersi. Finché, dopo quasi un anno di assidua frequentazione, i genitori di Carla avanzarono la richiesta di poter finalmente conoscere il giovanotto del quale la loro unica figlia sembrava disperatamente innamorata.

Ernesto fu ufficialmente invitato a pranzo in casa Moltrasio il mezzogiorno di una piovigginosa domenica di fine ottobre. La signora Ester, mamma di Carla, una donna dal viso largo e simpatico con un enorme petto da balia, si rivelò, com'era facile prevedere, una cuoca eccellente. Il padre di

Carla, il signor Felice, un uomo alto e magro, leggermente curvo, con la faccia lunga e scavata dai segni inconfondibili della rassegnazione, esaltò il Barbera che aveva portato in tavola, affermando che non c'era niente di meglio per rendere digeribili le verze e le costine di maiale. Dopodiché per tutto il pranzo non parlò più, limitandosi ad assentire con la testa o a pronunciare sporadici monosillabi di contorno ai discorsi della moglie, che al contrario, non smetteva mai di parlare.

Dopo il caffè, il padrone di casa si alzò dalla tavola e, infilandosi il soprabito, disse che andava giù al bar a seguire le partite con gli amici. Loro tre restarono ancora per un po' seduti intorno al tavolo a parlare del più e del meno. La signora Ester indagò, senza preoccuparsi di apparire scortese, le reali intenzioni di Cazzaniga nei confronti della propria figlia. Soddisfatta, e in qualche modo rassicurata dalle risposte del giovanotto, si ritirò in cucina a riassettare, mentre i ragazzi rifugiarono nella camera della giovane, con la scusa di ascoltare l'ultimo disco di Elvis Presley che lui le aveva regalato.

Fu quello che fecero, infatti, alzando il volume per non destare sospetti nella madre. E mentre la voce di Elvis esplodeva nella camera, Carla ed Ernesto scivolarono in un abbraccio travolgente. Le bocche si cercarono, i corpi premevano e le mani del ragazzo s'intrufolarono esperte tra gli elastici e i cotoni, conquistando i territori segreti della ragazza.

Dimentichi del luogo e del momento, non si sarebbero più fermati, travolti entrambi da una passione irrefrenabile, se a un certo punto la voce della signora Ester, che per fortuna non aprì la porta della camera, intimò loro di abbassare il volume del giradischi.

I due corpi si staccarono di colpo. Carla si affrettò ad abbassare il volume, riabbottonandosi la camicetta con le dita tremanti.

Ma poiché ciò che è scritto nel destino non si può modificare, il misfatto venne soltanto rimandato.

Il momento designato arrivò il 31 dicembre di quello stesso anno. La scenografia dell'evento fu la camera di un albergo in una località del Trentino, nella quale erano andati a passare il Capodanno con la solita compagnia di amici. Le camere erano state ufficialmente suddivise per coppie dello stesso sesso: sicché, Mery avrebbe dovuto dormire con Carla ed Ernesto con Silvano. Gli accordi, però, erano che a una certa ora della notte Silvano sarebbe andato nella camera delle ragazze e Carla in quella dei ragazzi.

Fu così che la giovane perdette la verginità, senza sperimentare, come spesso accade la prima volta, quel piacere e quel godimento che si era aspettata di provare.

Si sposarono nella primavera dell'anno successivo, andando ad abitare in un appartamento di due locali in affitto in zona Lambrate, la stessa in cui abitavano i genitori di Carla.

Quando lei restò incinta e nacque Matteo, si resero conto che quell'appartamento era troppo piccolo. Dopo un consiglio di famiglia con i genitori (la mamma di Ernesto non fu direttamente coinvolta, in considerazione del fatto che le sue condizioni economiche non le permettevano di aiutarli in alcun modo) si prese la decisione di procedere all'acquisto di un appartamento che avesse almeno due camere da letto. Dopo sei mesi di ricerche trovarono finalmente ciò che cercavano: un appartamento situato al quarto piano di un edificio anni Cinquanta in zona Città studi, che per numero di locali e prezzo corrispondeva a ciò che cercavano. L'unico inconveniente consisteva nel fatto che era alquanto malconcio e che per renderlo abitabile avrebbero dovuto mettere in conto un'ulteriore somma di denaro, la quale, dal preventivo effettuato dal titolare di una piccola impresa che frequentava lo stesso bar del signor Felice, era per il momento insostenibile.

Tra pareri discordi e tentennamenti che rischiarono di mandare a monte quella che sembrava essere un'occasione da non perdere, il padre di Carla, sorprendentemente, prese in mano le redini della questione, affermando con decisione che l'appartamento andava senz'altro acquistato.

«Per i soldi non ci sono problemi» concluse con fermezza. «Togliamo da quelli di cui disponiamo la cifra che occorre per la ristrutturazione ed Ernesto copre il buco facendo un mutuo con la banca in cui lavora.»

L'acquisto si rivelò un ottimo affare, perché qualche anno dopo, infatti, i prezzi degli appartamenti iniziarono a salire, raggiungendo cifre impossibili.

Quando Carla restò incinta per la seconda volta e nacque Simona, Cazzaniga fu promosso impiegato di primo grado. L'avanzamento comportava, oltre a maggiori responsabilità nelle funzioni del proprio ufficio, anche un consistente aumento di stipendio che gli permise, dopo un'attenta valutazione dei pro e dei contro, di far licenziare la moglie dalla ditta di trasporti nella quale lavorava da una decina d'anni.

In quel periodo il signor Felice cominciò ad accusare forti dolori allo stomaco, che in principio furono diagnosticati come ulcera e come tali curati. Dopo qualche mese, però, durante i quali le cure non diedero i risultati sperati ma al contrario peggiorarono la situazione, il medico suggerì un ricovero in ospedale, affinché venissero effettuati gli esami necessari al fine di stabilire una volta per tutte le cause del male.

Dall'ospedale l'uomo uscì cadavere tre mesi dopo, divorato da un tumore allo stomaco che gli aveva ormai contaminato i più importanti organi vitali. Scomparso il marito, la signora Ester manifestò ben presto la propria insofferenza di abitare da sola in un appartamento in cui c'erano troppi ricordi che le facevano tornare in mente il suo caro Felice, calcando la mano sul *caro*, aggettivo che non aveva quasi mai usato quando l'uomo era in vita. In realtà, le mire della signora Ester erano quelle di andare a vivere con figlia e genero, il che, nella situazione attuale, era praticamente impossibile per mancanza di spazio.

Il nodo fu sciolto da Ernesto, il quale già da tempo accarezzava l'idea di abbandonare la città e andare a vivere in una villetta circondata da un pezzo di terreno, che non doveva essere né troppo grande né troppo piccolo, situata in qualche paesino a non più di venticinque o trenta chilometri da Milano.

L'occasione capitò quasi per caso. Da un collega d'ufficio che abitava a Saronno venne a sapere di una villetta in vendita in una zona semicentrale della cittadina, non lontana dalla stazione ferroviaria.

Cosicché, un sabato pomeriggio di fine maggio, col sole già caldo di un'estate in anticipo, Cazzaniga caricò in macchina moglie, figli e suocera e si recò in loco a dare uno sguardo alla villa.

Era una bella villetta a due piani, intonacata di fresco e con un ampio giardino piantumato intorno, proprio come lui se l'era sempre immaginato.

Conosciuto il prezzo ed effettuato un rapido calcolo mentale, Ernesto reputò che con la vendita dei due appartamenti di Milano l'acquisto sarebbe stato, oltre che possibile, addirittura conveniente. E in quel senso si sarebbe immediatamente mosso, se a intralciare i suoi piani non si fosse intromessa con decisione la moglie, la quale si sentiva morire al solo pensiero di dover vivere per il resto dei suoi giorni relegata in un paese di provincia, con due figli da accudire e una madre che accusava i primi sintomi di un'arteriosclerosi galoppante.

Ci vollero, per convincerla, tutte le capacità persuasive del marito e la promessa che le avrebbe comprato un'automobile di piccola cilindrata, con la quale avrebbe potuto raggiungere Milano autonomamente ogni qual volta lo avesse desiderato.

Andando a vivere in quella villetta Cazzaniga ritrovò il proprio equilibrio fisico e mentale. Dopo una settimana di lavoro in banca, il sabato e la domenica li dedicava interamente alla cura della casa, del giardino e dell'orto, che aveva sistemato sul retro.

Sopiti in entrambi i desideri sessuali, che tuttavia trovavano il loro sfogo di routine in una scadenza pressoché settimanale, i coniugi si apprestavano a entrare nell'età matura con relativa serenità e in piena armonia con il mondo che li circondava. I figli crescevano senza problemi, dimostrandosi diligenti negli studi e obbedienti alle regole imposte dai genitori.

Gli anni scivolavano via veloci come giorni, senza lasciare alle spalle fatti memorabili. Ne erano già passati dieci dal giorno in cui si erano installati nella villa, quando anche la signora Ester morì. Lo fece in fretta, senza creare grossi problemi. Fu colpita da un ictus celebrale una sera mentre stava seduta davanti al televisore e, dopo un paio di giorni di coma nell'ospedale cittadino, chiuse gli occhi per sempre. Quello stesso pomeriggio si presentò a casa loro un signore vestito di scuro, il quale, aprendo la cartella di cuoio che teneva sotto il braccio e mostrando alcuni documenti, disse che la defunta signora Moltrasio aveva già tutto predisposto per la propria cremazione.

Fu una cerimonia breve, con poca gente e senza la presenza del prete, perché in quegli anni la religione non ammetteva la cremazione. Né Carla né Ernesto riuscirono mai a comprendere come mai la donna, che in vita aveva sempre frequentato la chiesa dichiarandosi credente, avesse optato per una scelta così insolita.

TRE

Superato il traguardo dei cinquant'anni, Ernesto Cazzaniga cominciò a percepire i primi sintomi dell'età che avanzava, i quali si manifestarono con lievi e persistenti dolori alle giunture e fitte lungo la schiena e le gambe, facendogli sospettare trattarsi delle prime avvisaglie di quel male incurabile di cui tutti evitano persino di pronunciare il nome. Sporadicamente, a seconda dell'entità dei dolori vagolanti nelle sue membra, la propria ipocondria lo portava a sospettare un infarto imminente, o comunque un malanno cardiovascolare in evoluzione nelle sue arterie ormai irrimediabilmente devastate dal colesterolo. Parallelamente a queste paure e sospetti, peraltro senza alcun fondamento poiché gli esami clinici avevano fornito risultati negativi, era sorto in lui, subdolo e di precisa coscienza, il pensiero fisso della morte. Accadeva per esempio che durante la notte, svegliandosi di soprassalto per un sogno agitato o per un qualsiasi altro motivo, il pensiero della fine lo assalisse con violenza, costringendolo a concentrarsi su di esso in elaborazioni mentali che gli riempivano l'animo di paure e sgomento. Stava, insomma, attraversando quel fatale periodo della vita in cui non si è più giovani ma non ancora vecchi e tuttavia ci si rende conto, quasi all'improvviso, che la propria esistenza sta inesorabilmente scivolando verso la meta finale, oltre la quale s'intravede soltanto l'annientamento totale di se stessi.

In quel periodo iniziò a spiarsi nel grande specchio del bagno alla ricerca dei primi segni inconfondibili del proprio disfacimento fisico. Il volto che vedeva riflesso gli appariva smagrito, pallido, gli occhi di un azzurro ormai spento erano circondati dalle occhiaie. I capelli conservavano ancora il colore castano originale, ma era aumentata la stempiatura e faceva capolino l'incipiente calvizie. Si consolava un po' esaminandosi il corpo, che ancora manteneva la struttura solida di un tempo, privo di grasso superfluo, fatta eccezione per lo stomaco, che di profilo disegnava una leggera protuberanza, peraltro ben contenibile con un minimo sforzo muscolare.

Tuttavia, benché travagliato da questi pensieri, si augurava di vivere ancora a lungo: aveva una famiglia da mantenere, composta da sua moglie Carla e dai figli Matteo e Simona, rispettivamente di ventidue e venti anni. A volte cercava di immaginarsi in quali condizioni avrebbe lasciato la sua famiglia se fosse morto improvvisamente. Il quadro che si dipingeva nella sua mente era senza alcun dubbio positivo: il mutuo della villetta era quasi completamente estinto, restavano da pagare poche rate, che a fronte di una sua dipartita improvvisa la banca avrebbe provveduto a estinguere automaticamente. Esisteva, inoltre, un piccolo capitale investito in buoni del tesoro e fondi comuni, che di tanto in tanto egli rimpolpava e che comunque andava aumentando. E infine, *dulcis in fundo*, alla vedova sarebbe spettata la liquidazione e la pensione. Ebbene sì, concludeva confortato con un mezzo sorriso tra il cinico e l'ironico, sua moglie sarebbe stata una vedova senza grossi problemi finanziari. Queste considerazioni in qualche modo lo confortavano.

Così era il suo stato d'animo anche quel mattino di fine maggio, mentre si recava alla stazione di Saronno per salire sul treno delle 7.30 che lo avrebbe scaricato alla stazione Cadorna di Milano, da dove, dopo due fermate di filovia, avrebbe raggiunto la banca in cui lavorava nella zona di Sant'Ambrogio, senza lontanamente immaginare i fatti che il destino aveva in serbo per lui, fatti che avrebbero modificato e sconvolto radicalmente il corso della sua vita e scavato un solco talmente profondo e indelebile nel suo animo, che niente e nessuno avrebbe potuto cancellarne il ricordo.

Andò a sedersi, com'era solito fare, in fondo al vagone, immergendosi nelle pagine del *Corriere* fresco di stampa. Durante il tragitto restava per tutto il tempo sprofondato nella lettura, senza mai alzare gli occhi per guardarsi attorno, se non per rispondere di sfuggita a qualche saluto. Raramente, e specialmente quando il clima cambiava, si soffermava per qualche istante a osservare la campagna che scorreva oltre il finestrino, ogni volta rammaricandosi di come le stagioni si susseguissero così veloci e la sua vita scivolasse via così in fretta.

Quel mattino, mentre il treno stava uscendo lentamente dalla stazione ed egli era già immerso nell'articolo politico di fondo, una voce femminile chiese gentilmente permesso, obbligandolo a ritirare le gambe per lasciar passare una donna, che andò a sedersi nel posto libero di fronte a lui.

La guardò appena, con un moto di fastidio, e subito riprese a leggere l'articolo. Ma dopo alcuni minuti, spinto da una precisa curiosità, le lanciò un'occhiata più attenta oltre il bordo del giornale. Non gli ci volle molto per stabilire due fatti di assoluta certezza: primo, non l'aveva mai vista; secondo, dinanzi a lui si era seduto l'esemplare femminile dotato della bellezza più sconvolgente che gli fosse mai capitato di vedere. Poteva avere intorno ai trent'anni, massimo trentacinque, vale a dire l'età in cui la donna raggiunge il culmine della sua forma fisica e della sua forza passionale. Lo confermavano l'aspetto fisico e il suo viso dall'ovale perfetto, contornato da una massa di capelli ricci castanoramati, occhi allungati e celesti, labbra rosse e carnose, collo esile e lungo, mani affusolate, pelle bianca e liscia.

Si pentì di non averla meglio analizzata quando era scivolata dinanzi a lui per sedersi, benché quello che già poteva scorgere oltre il lembo del giornale fosse sufficiente per lasciarlo sbalordito e in qualche modo persino impaurito da quella imperiosa bellezza.

Per tutto il viaggio, che gli parve sorprendentemente più breve del solito, non poté più distogliere gli occhi da quella creatura. Di tanto in tanto la donna accavallava le gambe, lasciando intravedere per un attimo cosce solide e ben tornite. Nel compiere quel gesto si lisciava la gonna con una movenza della mano così lenta e carica di sessualità, che egli avvertì per la prima volta il peso dei propri anni come un ostacolo tremendo e insormontabile.

Non gli accadeva dai tempi della signora Teresa di provare per una donna un'emozione così intensa, tanto che gli venne persino di dubitare del proprio giudizio, con il risultato di accanirsi ancor di più nell'analizzarla, e più la osservava, più si convinceva che quella donna era la sintesi perfetta della bellezza femminile quale lui l'aveva sempre intesa e desiderata.

Nello svolgersi minuzioso di quell'esame, i loro sguardi non mancarono di incrociarsi in varie occasioni, e ogni volta gli parve di cogliere, in quegli occhi che apertamente lo fissavano e nel tenue sorriso delle labbra, una specie di segnale, o meglio di accondiscendenza, o più precisamente di invito, quasi volesse comunicargli che si trovava su quel treno solo e unicamente per lui, e che verso di lui si sentiva inesorabilmente attratta.

Quando il treno rallentò e infine si fermò sotto la pensilina della stazione Cadorna, egli restò seduto al suo posto incapace di muoversi, finché il vagone si svuotò e restarono solo loro due. Allora la donna, con un mezzo sorriso e un leggero cenno di saluto, si alzò e s'incamminò nel corridoio tra i sedili.

L'osservazione posteriore che poté finalmente effettuare con suo comodo, seguendola giù dal treno e lungo il marciapiede della stazione fin sulla piazza esterna assolata, non fece altro che confermare in pieno il giudizio positivo della sua bellezza: corpo alto e slanciato, gambe lunghe e nervose, caviglie fini e polpaccio carnoso, vita stretta, fianchi ben aperti e sinuosi.

La seguì con lo sguardo, finché non la vide salire su di un taxi e scomparire definitivamente nel traffico cittadino.

Quel giorno in ufficio stentò a concentrarsi sul lavoro. Appariva distratto e assorto in pensieri segreti che gli occupavano la mente, tanto che un suo vecchio collega, bevendo il caffè di mezza mattina, gli domandò se per caso non stesse bene. Egli ammise un leggero malessere di stomaco, incolpando la cena della sera precedente.

In realtà non riusciva a togliersi dagli occhi e dalla mente la visione di quella donna.

Nel pomeriggio fu convocato in direzione per una riunione che durò fino alle 18.00, durante la quale ritrovò la sua solita grinta, dimenticandosi per il momento della donna. Il cui ricordo, tuttavia, lo assalì di nuovo con prepotenza alle 18.30, quando uscì dall'ufficio e s'incamminò lungo via Carducci in direzione Cadorna. Salì sul treno delle 19.00 e dopo tre quarti d'ora apriva il cancello di casa, mentre Black – il cane lupo che aveva prelevato qualche anno prima da una cucciolata di un vicino di casa – gli correva incontro attraverso il giardino, come tutte le sere, per fargli le feste. Sua moglie Carla lo salutò dalla cucina dicendo che tra poco avrebbe servito in tavola. I figli, davanti alla TV, gli indirizzarono dal soggiorno il solito saluto distratto.

Egli andò in bagno a lavarsi le mani e mentre se le asciugava si guardò allo specchio provando, per l'ennesima volta, una punta di fastidio per la stempiatura dei capelli, che gli sembrava diventare di giorno in giorno più profonda.

Seduto a tavola, mentre cenava ascoltando distrattamente i discorsi dei figli, non poté fare a meno di paragonare la figura attraente della donna del treno con il corpo di sua moglie, un tempo piacente, che due gravidanze e l'età avevano inesorabilmente modificato.

L'evento, benché eccezionale per l'intensità emotiva che lo aveva accompagnato, avrebbe alla fine trovato la sua giusta collocazione nei fatti talvolta sorprendenti della vita, ed egli se ne sarebbe ben presto dimenticato, se il mattino seguente, sul treno della stessa ora, la giovane donna non fosse ricomparsa all'improvviso come sbucata dal nulla, andando ad accomodarsi, con l'identica sequenza del giorno prima, nel posto libero di fronte a lui. Questa volta senza nemmeno chiedergli permesso, ma indirizzandogli un tenue sorriso che lui, sorpreso e ammutolito, a stento ricambiò.

Non si aspettava, infatti, di rivederla, benché in cuor suo avesse pregato la sorte che facesse il miracolo. Non tanto per cercare di stabilire con lei un contatto diretto, quanto per il semplice e genuino piacere di ammirare ancora quel volto e quel corpo, così carico di sessualità. Il fatto che fosse ricomparsa, agì nel suo animo come una specie di predestinazione, andando a rinfocolare la fiamma vivida che era sorta in lui e che ormai, simile a un fuoco divoratore, era ben lungi dallo spegnersi.

Ma non fu solo questo a sorprenderlo. La donna indossava un tailleur bianco attillato, di taglio severo e per quel poco che egli ne capiva, démodé, stile anni Cinquanta; e tuttavia, forse proprio per questo, l'apparizione assumeva un aspetto ancor più attraente e per certi aspetti addirittura fatale. Completava l'opera, un cappello di paglia nero a larghe tese.

Quel mattino, alle porte di Milano, il treno si fermò per una decina di minuti, come sovente accade senza apparente motivo ai convogli dei pendolari.

Egli, che in altri momenti sarebbe subito andato in collera imprecando a fior di labbra contro le ferrovie e più in generale contro tutti i disservizi dello Stato, quel giorno accolse il contrattempo con soddisfazione, vedendovi quel che desiderava, vale a dire un ulteriore segno del destino, che in qualche modo, e chissà per quale strano e segreto disegno, aveva voluto che sulla strada della sua vita, percorsa per più di metà tra lavoro e famiglia, comparisse quella donna a turbarlo fino al punto di rimescolargli il sangue nelle vene e a scombussolargli i pensieri nella mente.

Giunti a Cadorna la seguì sul marciapiede della stazione come in trance, con lo sguardo fisso sulla schiena dritta e flessuosa, in fondo alla quale le compatte e polpose natiche, come percorse da una scarica elettrica, tremavano a ogni passo dietro la spinta sussultoria dei tacchi a spillo che battevano sul selciato.

Sul piazzale esterno la donna si fermò per alcuni secondi, incerta. Parve dirigersi come il mattino precedente verso il posteggio dei taxi, ma a un tratto si fermò e, cambiando bruscamente direzione, s'incamminò spedita verso via Boccaccio.

Cazzaniga, che in piedi dietro al chiosco dei fiori ne aveva spiato i movimenti, venne colto da un incontenibile desiderio di seguirla. Proposito che mise subito in atto, ignorando consapevolmente il consiglio che gli arrivava da quella parte di buon senso che ancora persisteva nella sua mente e che saggiamente gli suggeriva di lasciar perdere e di andarsene di corsa in ufficio.

Ma intanto camminava anche lui spedito, rasentando i muri e le cariatidi degli antichi palazzi, senza perderla mai di vista e anzi, portandosi a pochi metri da lei, indifferente al fatto che ella potesse accorgersi del pedinamento, ma al contrario proprio sperando che se ne avvedesse.

Giunta all'angolo della piazza la donna, nell'accingersi a svoltarlo, ruotò la testa e lo guardò di sfuggita, come per accertarsi della sua presenza.

Il pedinamento continuò ancora per qualche minuto, finché a un certo punto, per qualche ragione misteriosa, la donna decise di porvi termine salendo su di un taxi che proprio in quel momento scaricava un passeggero giunto a destinazione.

Vi salì senza trascurare di lanciargli, un attimo prima di far scomparire le gambe affusolate all'interno dell'auto, un sorriso che egli non seppe interpretare se di derisione o di complicità.

QUATTRO

Gran parte di quella notte la trascorse ripensando al corpo e al sorriso di quella donna, arrivando alla logica conclusione che, se il suo pedinamento l'avesse infastidita, di sicuro non gli avrebbe sorriso come invece aveva fatto.

Si domandò com'era possibile che una donna così seducente, dal volto aristocratico e dallo sguardo a tratti perverso, provasse interesse nei suoi confronti. Domanda che naturalmente restava senza risposta e che lui allontanava dalla sua mente non tanto per l'impossibilità di poter giungere a una conclusione verosimile, quanto per la paura di arrivare a scoprire l'esatto contrario di ciò che nell'intimo del suo animo si augurava.

Si poneva anche un'altra domanda: che diavolo ci faceva una donna simile alle 7.30 del mattino sul treno di pendolari assonnati e per la maggior parte abbruttiti da una vita quasi per intero trascorsa tra viaggio e ufficio?

Pensandoci e non trovando nemmeno in questo caso risposte, si convinceva che doveva esserci qualcosa di misterioso in quella donna. Il che non faceva altro che renderla ai suoi occhi ancor più affascinante.

Insieme a questi pensieri gli si affacciavano nella mente, come lampi, immagini di lei in atteggiamenti osceni. La vedeva seduta sul treno dinanzi a lui nell'atto di alzarsi la gonna fin sopra la vita, allargando spudoratamente le cosce e infilando la mano nelle mutandine a toccarsi il sesso. Oppure mentre si sbottonava la camicetta e si stuzzicava i capezzoli sopra il reggiseno, finché, con un gesto lento e studiato, faceva traboccare le mammelle all'esterno dell'indumento, accarezzandole e soppesandole, e allo stesso tempo fissandolo negli occhi con uno sguardo perverso e velato, mentre la bocca si schiudeva umida e la punta della lingua faceva capolino tra i denti bianchi e le labbra rosse e carnose.

Erano visioni che s'intercalavano ai pensieri con sempre maggior insistenza e precisione, tanto che a un certo momento ne venne fino a tal punto coinvolto da non poter in nessun modo impedire l'erezione che ne derivò e che lo costrinse, suo malgrado, ad alzarsi per andare in bagno a liberarsi del peso del proprio sperma, restando alla fine svuotato e ammutolito al cospetto di un atto che non aveva più praticato su se stesso da quando era un ragazzo.

Tornato a letto di fianco alla moglie, che distesa supina dormiva emettendo un leggero sibilo, altri pensieri lo colsero. Arrivò al punto di immaginare se stesso abbandonare la famiglia e andarsene via con quella donna per sempre, non senza rimpianti e nostalgie, ma tuttavia tutto teso verso un futuro allettante di puro e semplice sesso. Perché quello era il punto: non c'era amore in lui, ma solo uno sfrenato desiderio carnale. Nient'altro. Benché per un uomo di cinquant'anni, la cui vita si era consumata giorno dopo giorno nell'alveo tranquillo della propria famiglia e nella sicurezza del proprio lavoro, non fosse cosa di poco conto.

Il mattino seguente, quando lavato, sbarbato e vestito andò in cucina a bere il caffè che sua moglie gli faceva trovare già pronto per non perdere tempo, si sentiva sfiancato dalla notte insonne; eppure aveva in parte cancellato i suoi tormenti e ora, mentre camminava spedito verso la stazione lungo i viali alberati il cui verde emanava gli effluvi dell'imminente estate, gli parve tutto quanto quello che in realtà era: un sogno, o più esattamente un'allucinazione creata dalla sua fantasia che si era divertita a costruirla senza nessuna base logica.

Era venerdì e il treno, come spesso accade nei fine settimana, era meno affollato degli altri giorni. Salì sulla penultima carrozza e andò a sedersi pressappoco al solito posto, aprendo il giornale senza riuscire, però, a concentrarsi, tutto teso com'era a sorvegliare l'apparizione della donna, che egli riteneva sarebbe certamente comparsa da un momento all'altro, come in un incantesimo, facendolo di nuovo precipitare in quel tumulto di emozioni che lo assaliva quando la vedeva. Ma il treno si mosse e della donna nessuna traccia, tanto che egli si sentì in un certo senso tradito.

Diede un'occhiata all'interno del vagone per sincerarsi della sua assenza, benché non ci fossero dubbi in proposito. Quindi, ripetendosi che tutto sommato era meglio così, e convincendosi che forse si era trattato davvero di un sogno, lanciò un'occhiata distratta alla campagna oltre il finestrino, dispiegando nel contempo il giornale col proposito di scordarsi di lei, leggendo.

Quand'ecco che, all'improvviso, come nei colpi di scena delle migliori commedie, la porta scorrevole in fondo al corridoio del vagone si aprì e lei comparve in tutta la sua radiosa e splendente bellezza.

Fu come se il respiro gli fosse venuto di colpo a mancare. La vide avanzare verso di lui con quel sorriso enigmatico e lo sguardo fisso nei suoi occhi, come se nel vagone ci fossero stati soltanto loro due.

Aprì il giornale, sforzandosi di dare ossigeno all'affanno

che lo stava sovrastando. L'esercizio non gli impedì, tuttavia, di seguire con la coda dell'occhio la donna, che al contrario della volta precedente, non andò a sedersi di fronte a lui, benché il posto fosse libero, ma al suo fianco, quasi toccandolo, e di certo facendo frusciare le stoffe dei loro abiti l'una contro l'altra.

Incapace di prendere una qualsiasi decisione in merito, se ne stava immobile, fingendo di leggere. Sentiva accanto a lui il calore del corpo della donna e il profumo conturbante che lo avvolgeva e aleggiava per tutto il vagone come un nembo, impregnando le strutture e le imbottiture dei sedili.

Anche lei restava immobile al suo fianco, sebbene di tanto in tanto accavallasse le gambe con un gesto rapido e felino, e quando lo faceva, egli aveva la sensazione che volutamente gli sfiorasse la gamba col piede, avvicinandosi un po' di più a lui. Finché, complice involontaria una curva, sentì il fianco della donna premere con forza contro il suo, certamente più a lungo di quanto lo sbandamento lo giustificasse, tanto che quando il treno si rimise in carreggiata, il fianco della donna restò incollato al suo, trasmettendogli delle vibrazioni profonde che egli non mancò di percepire.

Il treno entrò alla stazione Cadorna senza che lui fosse riuscito a leggere un solo articolo del giornale. O meglio, le parole le aveva lette, ma senza comprendere la logica che contenevano, tutto teso com'era stato, durante il viaggio, a interpretare ogni piccolo movimento che la donna seduta accanto a lui produceva.

Consapevole che tra pochi minuti lei sarebbe di nuovo scomparsa nel caos cittadino, probabilmente per sempre, fu colto da un'improvvisa urgenza di agire. Ciononostante, il solo pensiero di voltarsi verso di lei e guardarla negli occhi proferire l'aggancio lo riempiva di sgomento. Il treno, con un ultimo leggero sussulto, si fermò. La gente cominciò a sfollare verso le uscite. Egli chiuse il giornale, si riempì di aria i polmoni e, deciso a giocare il tutto per tutto, si voltò verso di lei per parlarle. Ma in quel preciso istante la donna si alzò. Egli pure lo fece, sostando dietro di lei, che nel frattempo si era fermata per lasciar passare alcune persone. Fu a quel punto che ella, girandosi su se stessa con uno scatto improvviso, allungò la mano e disse: «Arrivederci, è stato un piacere conoscerla».

Automaticamente anche lui allungò la mano e, mentre gliela stringeva, si ritrovò nel palmo un biglietto ripiegato che per poco non gli cadde a terra.

Era successo tutto così in fretta che non aveva nemmeno avuto il tempo di aprir bocca. Inebetito, restò a fissare il biglietto che teneva in mano e, quando infine alzò la testa, lei era già scomparsa. Si lasciò andare a sedere nel vagone vuoto, aprì il biglietto e lesse:

Non mi segua, la prego. Se lo desidera, venga domani pomeriggio alle quattro in via Dandolo n°7. Comunque su questo treno non mi rivedrà mai più.

Non c'era alcun nome in calce e la scrittura era minuta e spigolosa. Ripiegò il biglietto, lo infilò nella tasca interna della giacca e uscì nella piazza, incamminandosi lentamente lungo via Carducci. Insensibile al frastuono del traffico cittadino cominciò infine a lavorare con la mente, benché in realtà non ci fosse granché su cui ragionare; semplicemente era accaduto che la donna, poiché lui non si decideva ad agire, nonostante i ripetuti e indubitabili segnali che gli aveva inviato, aveva sbloccato la situazione prendendo lei stessa l'iniziativa.

Ma a quale scopo? E perché proprio lui?

Non aveva risposte, naturalmente, ma solo ipotesi. Una delle quali poteva essere quella che, in virtù di quel sesto senso che le donne possiedono, si era accorta, da come l'aveva guardata e dal suo comportamento, di aver fatto colpo su di lui, di piacergli, di essergli entrata nel sangue come un virus, o un veleno, dal quale si sarebbe salvato soltanto con un antidoto, che nel caso specifico non poteva essere altro che lei stessa, e che conseguentemente egli non sarebbe guarito finché non l'avesse amata, posseduta, bevuta al pari di una pozione purificatrice e miracolosa. E adesso voleva semplicemente prendersi gioco di lui, divertirsi con la sua passione, tirare le corde dei suoi nervi per vedere fino a quale punto sarebbero stati capaci di tendersi prima di spezzarsi.

Un gioco perverso e pericoloso, che trovava in qualche modo conferma nella pantomima del biglietto.

Perché, si chiedeva, aveva scelto una soluzione così carica di mistero? Chi era quella donna? Che cosa voleva da lui?

Tormentato da questi pensieri, giunse all'altezza di piazza Sant'Ambrogio senza neppure accorgersene e lì si fermò.

C'era un'altra domanda che richiedeva una risposta urgente e precisa, nei confronti della quale prese tempo, riservandosi di darsela in seguito, dopo aver analizzato il fatto con più calma, ed era la seguente: sarebbe andato o no all'appuntamento che gli aveva fissato?

A un tratto s'accorse che stava sudando. Guardò la basilica e decise di entrarvi per alcuni minuti a rinfrescarsi all'ombra delle antiche arcate. Attraversando il sagrato di antiche pietre, gli tornarono in mente i versi di quella poesia del Giusti:

Co' baffi di capecchio e con que' musi,
davanti a Dio, diritti come fusi...

CINQUE

Il mattino seguente era sabato e come tutti i sabati o quasi si alzò alle 8.00, indossò una vecchia tuta di tela ormai lisa e scese in giardino a tagliare l'erba, a dar da mangiare a Black, che lo accolse con eccitazione dopo che aveva passato tutta la notte nella sua spaziosa casetta di legno, e a lavorare nell'orto.

Quando suonò mezzogiorno e tutto sudato rientrò in casa con il proposito di farsi una bella doccia prima di pranzo, non aveva ancora deciso se recarsi o no all'appuntamento.

Nella stessa situazione si trovava quando si sedette a tavola per mangiare, mentre sua moglie, perennemente e inutilmente a dieta, evitava la pasta e sgranocchiava senza troppo entusiasmo sedani e finocchi, e i figli programmavano come trascorrere il sabato pomeriggio.

Egli mangiava. Di tanto in tanto annuiva o rispondeva con qualche monosillabo e intanto pensava, valutava, rendendosi conto che, mentre si rosolava nella propria indecisione, il tempo trascorreva inesorabile.

L'incertezza nella quale si dibatteva non gli derivava da qualche arcano e interiore freno morale fino a quel momento persino a lui sconosciuto, né tanto meno dal dover architettare una scusa valida per sua moglie, alla quale sarebbe bastato il più banale dei motivi, tanto egli la riteneva lontana dal sospettare simili intrighi, bensì da una vaga e tuttavia consapevole paura di addentrarsi in un territorio oscuro, pieno di tranelli e di insidie, dal quale non sarebbe più stato capace di uscire se non scorticato nell'anima e nel corpo.

Ma era tutto inutile, perché non appena ripensava al suo profumo e alla sensazione di spasimo e di vertigine che aveva provato al solo contatto lieve del suo corpo, qualsiasi paura scompariva ed egli si sentiva pronto ad affrontare qualunque ostacolo si fosse interposto tra lui e quella donna.

«Cos'hai, non stai bene?» gli chiese sua moglie passandogli la tazzina del caffè.

«No, perché?»

«I ragazzi ti hanno salutato prima di uscire e tu non hai nemmeno risposto.»

«Stavo pensando.»

«Da un po' di giorni sei come assente» si lamentò sua moglie in tono di velato rimprovero. «C'è qualcosa che non va?»

«Ma no, va tutto bene. Mi stavo quasi dimenticando che oggi pomeriggio devo andare a Milano dal notaio Levi per una pratica della banca.»

«Proprio oggi che è sabato? Da quando in qua devi lavorare di sabato?»

«Si tratta di un cliente importante e mi hanno pregato di occuparmene personalmente. In fondo, è la prima volta che capita.»

«Speriamo che non diventi un vizio» disse sua moglie iniziando a sparecchiare. «Ricordati che stasera siamo a cena da Roberto e Laura.»

Ernesto fece una smorfia annoiata. «È proprio necessario andarci?»

«Sono gentili. Vogliono ricambiare il nostro invito del mese scorso.»

«Saranno anche gentili, ma sono noiosi. Lui non fa altro che parlare di sport, rompendomi ogni volta le scatole per convincermi a partecipare al torneo comunale di calcetto. Lei, oltre a essere leggermente racchia, è insulsa come una pera cotta.»

«Quando non c'è lui, è diversa» disse Carla. «Mi sbaglierò, ma ho l'impressione che non vadano molto d'accordo. Dice che lui la trascura.»

«Avrà un'amante» disse Ernesto ironico.

«Be', che lui sia un bell'uomo non si può negare.»

«Il classico quarantenne sportivo che vuol far colpo sulle donne» fece Ernesto alzandosi per andare a prepararsi.

Alle tre e mezza in punto, dopo aver girato per un bel pezzo nelle vie intorno, finalmente parcheggiava l'auto in via Corridoni. Via Dandolo si trovava a pochi passi, ma siccome era presto e lui non voleva presentarsi in anticipo, si diresse lentamente verso il corso. Entrò nel bar che c'era sull'angolo e ordinò un cognac, nel tentativo di placare l'agitazione che cresceva nel suo animo, di pari passo con i minuti che scorrevano.

Uscito dal bar si avviò lungo corso di Porta Vittoria con l'intento di girare intorno al caseggiato e ritornare sui propri passi verso la via d'arrivo, passando con noncuranza dinanzi al n°7, allo scopo di individuare con precisione l'ubicazione del numero civico e il tasto del citofono, in modo da non avere incertezze quando, giunta l'ora dell'appuntamento, l'avrebbe finalmente premuto.

Ma l'avrebbe poi premuto quel pulsante? Davvero avrebbe avuto il coraggio di entrare in quella casa sconosciuta, sperando di intrattenersi con quella donna in un incontro passionale? E se si fosse trattato di una adescatrice a pagamento, vale a dire una puttana? O peggio ancora, di uno stupido scherzo? E al posto di quella donna misteriosa e affascinante avesse aperto la porta una persona estranea o addirittura il marito?

Guardò l'orologio. Mancavano cinque minuti alle quattro. Imboccò la via pensando che faceva ancora in tempo ad andarsene, a mandare tutto quanto all'aria. Sarebbe, infatti, bastato proseguire diritto, svoltare in via Corridoni, risalire sull'auto e fuggire da lì per sempre. Tuttavia sapeva fin troppo bene che non l'avrebbe fatto. Qualcosa, che era un misto satanico di desiderio voluttuoso e curiosità, lo spingeva in direzione di quella casa, come il destino conduce la vittima verso l'appuntamento col suo carnefice.

Quando appoggiò l'indice sull'unico tasto del citofono, erano esattamente le quattro e un minuto. Mentre premeva a fondo il pulsante, avvertendo il gracchiare attutito proveniente dai meandri ignoti dell'interno, si guardò intorno, constatando con sollievo che la via era deserta.

Il n°7 corrispondeva a una villetta di tre piani in stile vagamente neoclassico, stretta tra le altre armonicamente simili, con la facciata che reclamava urgenti interventi di restauro. Le gelosie delle finestre erano chiuse e fino a tal punto impolverate e incrostate, da far supporre che la casa fosse abitata solo occasionalmente o addirittura abbandonata.

Con un ronzio elettrico, seguito dopo pochi istanti da uno scatto meccanico, il portoncino di legno si socchiuse verso l'interno buio. Egli superò il gradino dell'ingresso ed entrò spingendo il battente, che subito si richiuse alle sue spalle con un tonfo sinistro.

Si ritrovò in un andito scuro in fondo al quale, attraverso una porta a vetri colorati, filtrava la luce del sole con un effetto prismatico di sorprendente bellezza. Incerto se voltare i tacchi e andarsene o proseguire in quella che ormai gli appariva come una vera e propria assurdità irrevocabile, lentamente raggiunse la porta a vetri e restò immobile con le orecchie tese.

Il silenzio era totale. Ma all'improvviso, il fragoroso suono di una orchestra irruppe nell'aria, facendolo sobbalzare. Riprese fiato, riconoscendo in quelle note *La forza del destino* di Verdi. Superato il primo attimo di stupore e senza porsi altre domande che probabilmente avrebbero impedito il susseguirsi degli eventi a lui destinati, appoggiò la mano sulla maniglia di ottone e lentamente aprì la porta.

Al suo sguardo si rivelò un grande salone arredato con mobili antichi, poltrone e divani in tessuto di velluto arabescato. Il pavimento in parquet era quasi interamente coperto di tappeti che egli non dubitò un istante trattarsi di autentici persiani. In fondo al salone troneggiava un enorme camino in alabastro, sopra al quale, disposti simmetricamente ai due lati, spiccavano sulla parete bianca due quadri di notevoli dimensioni, raffiguranti paesaggi lacustri con figure umane. L'insieme era come fasciato e accarezzato dalla luce solare che entrava da una vetrata lunga quasi come tutto il salone, oltre la quale si poteva ammirare un florido giardino di un verde rigoglioso e abbondante.

Incantato da quello scenario, egli neppure la vide. Ma a un tratto sentì la sua inconfondibile voce, dal timbro basso e rauco.

«Sei arrivato, finalmente» gli disse alzandosi dal divano e andandogli incontro.

Stupefatto e incredulo come un miscredente dinanzi a un'apparizione divina, restò immobile a fissarla mentre gli sorrideva, avvolta in una specie di lunga vestaglia nera che lasciava intravedere soltanto i piedi scalzi e le unghie smaltate di rosso. In quel momento, vagamente consapevole della situazione irreale nella quale si era andato a cacciare, il desiderio carnale e la possibilità inaspettata di soddisfarlo gli parvero cose di poco conto se paragonate all'imbarazzo e al disagio che stava provando.

Il primo istinto che lo assalì fu quello di scappare.

E di certo lo avrebbe fatto se lei, assumendo di nuovo e per la seconda volta l'iniziativa, non l'avesse preso per mano e condotto verso il divano, dove lui si lasciò trascinare senza opporre resistenza, e sul quale la donna lo costrinse con fermezza a sedersi.

A quel punto, il solenne fragore della musica verdiana smise di colpo, facendo piombare la casa in un silenzio assoluto. Intanto la donna, che era arretrata di qualche passo, ora stava in piedi dinanzi al camino, intenta a fissarlo con quello sguardo e quel sorriso che ormai egli aveva ben impresso nella mente. E di colpo s'accorse che era lo stesso sorriso e lo stesso sguardo con i quali la signora Rosalba, una piacente cinquantenne amica di famiglia che gestiva una tintoria nel rione, trent'anni prima, lo aveva accolto nel proprio grembo soffice e caldo, senza che lui lo avesse né richiesto né cercato, ma soltanto sognato e vagheggiato. Ed ecco che ora, per una di quelle strane quanto misteriose analogie della vita, il rito carnale si ripeteva, se non identico negli avvenimenti, certamente uguale nella sostanza.

E mentre la donna, con gesti lunghi e studiati, iniziava a sciogliere il nodo della cintura che teneva chiusa la vestaglia, egli soffermò il proprio pensiero sulla singolare considerazione che in entrambi i casi erano state loro, le donne, a prendere l'iniziativa, a stabilire i tempi e i metodi, in definitiva a essere le protagoniste principali della commedia.

La cintura cadde a terra ai suoi piedi. Le sue dita affusolate afferrarono i lembi della vestaglia e di colpo la aprirono. Il bagliore del suo corpo nudo, colpito dai raggi del sole che entravano dalla vetrata, quasi lo accecò. Lasciò cadere a terra anche la vestaglia e lentamente andò verso di lui, lasciandosi ammirare in tutto il suo splendore.

La battaglia che di seguito e per circa un'ora si svolse sul divano di cretonne e che raggiunse il suo apogeo sublime sul tappeto orientale ai piedi del camino di alabastro, gli regalò l'esperienza carnale più travolgente e selvaggia della sua vita;, dalla quale ne sarebbe uscito spossato e appagato, ma anche contagiato dal virus del desiderio e della passione che quella donna gli aveva irrimediabilmente iniettato nelle vene, e dal quale non sarebbe più guarito, se non dopo aver superato, in un susseguirsi di avvenimenti sconvolgenti e drammatici, a lui ancora ignoti, il calvario della propria colpa.

Quando alle sei e un quarto uscì dalla casa e si diresse verso la sua auto, camminando come in trance e ancora scombussolato dalla violenza con la quale lei lo aveva posseduto, appropriandosi letteralmente del suo corpo come un insetto vorace e instancabile, egli galleggiava in una specie di beatitudine che lo rendeva avulso dalla realtà circostante. Solo un pensiero spiccava nitido in quella bruma mentale: la promessa che gli aveva fatto di telefonargli per fissare un nuovo e altrettanto infuocato appuntamento.

Quella sera, mentre cenavano a casa di Roberto e Laura, la coppia di quarantenni senza figli che da un paio d'anni era venuta ad abitare nella villetta vicina alla loro, Ernesto non aveva ancora del tutto smaltito la sbornia sessuale del pomeriggio. Mangiava la pasta al forno cucinata da Laura senza seguire, se non distrattamente, il filo dei discorsi. Nel frattempo guardava i suoi ospiti che in fondo conosceva appena, avendo avuto finora semplici contatti di buon vicinato. Roberto: fisico alto e asciutto, capelli biondi leggermente lunghi sul collo, occhi scuri e profondi, viso aperto e cordiale, con una accattivante fossetta sul mento tipo Robert Mitchum. Sua moglie lo giudicava un bell'uomo e indubbiamente doveva ammettere che lo era. Dirigente di una importante fabbrica tessile dei dintorni, aveva il vantaggio e la fortuna di non appartenere alla categoria abbruttita dei pendolari. Laura: fisico magro e segaligno, viso ovale e scavato, occhi azzurri e labbra sottili, capelli castani tendenti al grigio e naso leggermente aquilino. Scriveva favole per bambini che riscuotevano un discreto successo editoriale. In quel momento stava spiegando a Carla la sua ricetta personale per fare una pasta al forno perfetta.

Roberto si rivolse a Ernesto. «Come hai passato il sabato pomeriggio?»

«Sono dovuto andare a Milano per lavoro.»

Roberto fece una smorfia che voleva essere di compatimento.

«Brutto sabato, allora. A proposito, ho deciso di allestire un piccolo orto nel retro del mio giardino, dovrai insegnarmi come si fa. Le melanzane e le zucchine che ci hai dato la settimana scorsa erano squisite.»

«Non ci vuole niente per farlo, basta un po' di buona volontà e la voglia di piegare la schiena.»

«Ma figurati!» intervenne Laura versandosi un goccio di vino. «Indolente com'è non lo farà mai. E poi i lavori manuali non sono mai stati il suo forte. Lui pensa solo a giocare a calcetto.»

«Lo fa per tenersi in forma» disse Carla come per giustificarlo.

«Già» fece ironica Laura «lui ci tiene molto al suo fisico. Deve fare colpo su quelle stronzette che lavorano in fabbrica. Inoltre, ha una maledetta paura di invecchiare.»

«Al contrario di te che non ci tieni affatto» rispose tagliente Roberto.

«Io non ho bisogno di fare colpo su nessuno» sbottò Laura alzandosi dalla tavola e iniziando a ritirare i piatti vuoti.

Da quel momento l'atmosfera diventò fredda, per non dire gelida.

Come secondo piatto, Laura portò in tavola arrosto di vitello con patate al forno, che Roberto s'incaricò di tagliare a fette in un silenzio imbarazzante.

Ernesto tentò di sciogliere l'atmosfera con un paio di battute spiritose che però nessuno raccolse. La serata continuò in un clima stentato, tra discorsi banali e lancio di occhiate inferocite tra i due ospiti. Ernesto e Carla, palesemente a disagio, dopo il caffè, che Laura volle a tutti i costi servire nonostante il loro diniego, si accomiatarono adducendo vaghi motivi di stanchezza.

«A quanto pare tra i due non corre buon sangue» disse Ernesto mentre raggiungevano la loro villetta poco distante.

«Mi ha confidato che sta attraversando un periodo di depressione e lui non la sta aiutando» specificò Carla.

«Per me è semplicemente gelosa.»

«Evidentemente gliene dà motivo.»

«Del resto, lei non ha un aspetto molto invogliante.»

«Dovrebbe mettere su qualche chilo» ammise Carla.

«Non credo che basterebbe. E poi cucina una pasta al forno immangiabile. Senza contare che l'arrosto non era abbastanza cotto.»

Entrarono in casa. Erano appena le dieci: ancora presto per andare a dormire. Ernesto accese la televisione e si accomodò sul divano, mentre Carla andava in cucina a prepararsi la solita tisana alla malva.

Più tardi, quando lui era già a letto e stava leggendo un libro, Carla entrò in camera e iniziò a spogliarsi alla luce fioca dell'abatjour sul comodino. Si spogliava lentamente, consapevole che lui la stava guardando. Ernesto sapeva quello che significava. Di solito si spogliava in bagno, ma quando lo faceva in camera, davanti a lui, era perché desiderava fare l'amore.

Quando fu nuda indugiò ancora, facendo una piccola giravolta su se stessa, come per dargli il tempo di guardarla completamente prima di infilarsi sotto le coperte. Fu in quel momento che Cazzaniga si rese conto, per la prima volta, di come il corpo di sua moglie si fosse appesantito, inflaccidito, perdendo le forme che un tempo erano state il suo punto di forza. E naturalmente gli fu inevitabile paragonarlo alla donna del treno, con la quale era stato non più di qualche ora prima.

Sotto le coperte Carla si avvicinò a lui. Gli prese la mano e la guidò sul proprio pube, muovendola in modo da insinuare le sue dita nelle pieghe umide della propria carne. Contemporaneamente appoggiò l'altra mano sul suo pene, con la certezza di trovarlo eretto, ma che invece sentì inerte e molliccio. Cercò di risvegliarlo muovendo delicatamente il prepuzio, ma non ci fu nessuna reazione. Ernesto, dal canto suo, per quanto si sforzasse di eccitarsi, proprio non ci riusciva. Una specie di blocco fisico e mentale lo rendeva momentaneamente impotente, privo di desiderio.

Sua moglie armeggiò ancora per qualche minuto, poi desistette, tolse la mano dal suo pene e si girò sul fianco voltandogli le spalle.

Ernesto restò sdraiato nel buio con gli occhi aperti, cercando di ricordare qual era stata l'ultima volta che aveva fatto l'amore con sua moglie. Un mese, forse di più. Un tempo che si poteva considerare normale dopo una convivenza di oltre vent'anni, si disse. Diede la colpa della propria cilecca alla donna del treno, che quel pomeriggio l'aveva svuotato di tutte le sue energie. E a un tratto si domandò se sua moglie l'avesse mai tradito, se non le fosse mai capitato di desiderare un altro uomo. Reputava la cosa molto improbabile e tuttavia non poteva escluderlo completamente. Gli tornò in mente un fatto successo molto tempo prima, nei primi anni del loro matrimonio, quando ancora lavorava come impiegata nella ditta di trasporti. Un pomeriggio l'aveva chiamata in ufficio per dirle che quella sera avrebbe tardato. La collega che aveva risposto gli disse che Carla non c'era, che aveva preso un giorno di ferie. Lui era rimasto per un momento interdetto, poi aveva risposto vagamente che se n'era dimenticato e aveva riattaccato. Aveva chiamato anche a casa, pensando che fosse successo qualcosa. Ma non aveva risposto nessuno. Quella sera, mentre cenavano, le aveva chiesto distrattamente com'era andata la giornata in ufficio. «Il solito tran tran» aveva risposto lei tranquillamente. Lui l'aveva spiata in cerca di un segno che rivelasse il suo nervosismo, ma il suo volto era rimasto impassibile. Nei giorni e nei mesi seguenti era stato mille volte sul punto di dirle di quella telefonata, ma non aveva mai trovato il coraggio di farlo. Il risultato fu che non seppe mai dove, e in compagnia di chi, sua moglie trascorse quella giornata di ferie presa a sua insaputa.

SEI

Ignaro del siero velenoso che ormai dilagava invisibile nel ramificato percorso delle sue vene e ancora incredulo del fatto inverosimile che gli era accaduto, nei giorni successivi scoprì che quei dolori, che da anni lo tormentavano, erano improvvisamente scomparsi.

Un tale benessere fisico non mancò di trasmettere effetti positivi anche sul carattere, migliorando il suo umore di solito chiuso e scorbutico, tanto che perfino sua moglie, attenta ai suoi mutamenti più di quanto egli sospettasse, non poté fare a meno di notarlo.

«Si può sapere cosa ti è capitato?» gli domandò il lunedì sera, quando rincasando dall'ufficio lo aveva sentito addirittura canticchiare.

«Perché?» rispose lui guardingo.

«Mah, da un paio di giorni ti vedo più rilassato... più contento.»

Egli restò in silenzio, come smarrito in pensieri remoti. Si avvicinò a lei, che stava cucinando davanti ai fornelli e con voce solenne disse: «Non volevo parlartene, perché è ancora prematuro, ma forse mi promuoveranno direttore. Voglio dire che ci sono effettive probabilità che lo diventi».

Si trattava della più grossa bugia che avesse mai detto in

tutta la sua vita, ma la proferì con una tale calma e naturalezza, che sua moglie non poté dubitare nemmeno per un istante delle sue parole.

Arrivato il mattino di mercoledì senza aver ricevuto nessuna telefonata – alla donna aveva dato il numero dell'ufficio – cominciò a temere che non si sarebbe più fatta viva. Magari, pensò con terrore, paga di quell'unico incontro d'amore e forse anche delusa dalle sue prestazioni, che aveva giudicato insufficienti a fronte delle sue notevoli esigenze. Simili pensieri funesti, in aggiunta al fatto che nulla sapeva della sua vita, neppure il suo nome, e che l'unico riferimento concreto che possedeva era il portoncino verde di via Dandolo, dinanzi al quale tuttavia non avrebbe più osato presentarsi se non dopo un nuovo ed esplicito invito, lo fecero piombare nel suo consueto umore tetro e irascibile.

I primi a farne le spese furono i suoi più diretti collaboratori d'ufficio, nei confronti dei quali, durante la mattinata, sibilò alcune battute sferzanti. E ne avrebbe fatto ancor di più le spese sua moglie quella sera a casa, se nel primo pomeriggio, esattamente alle 14.30, il telefono non fosse squillato, rivelando finalmente la voce tanto attesa e bramata.

«Vediamoci domani pomeriggio, alle due, in un albergo chiamato La Perla Blu, camera n°7» disse la donna tutto d'un fiato. «Si trova sulla vecchia Paullese» aggiunse, e subito riagganciò.

Non gli aveva dato nemmeno il tempo di aprir bocca.

Galvanizzato dalla prospettiva di una nuova e massacrante battaglia d'amore, che data l'ora dell'appuntamento prevedeva lunga e gustosa, si dispose a trascorrere con serenità il resto del pomeriggio in ufficio e la serata a casa in famiglia.

Proposito, quest'ultimo, che una discussione con i figli durante la cena, nella quale intervenne anche sua moglie prendendo le loro difese, fece miseramente naufragare, col triste risultato di fargli tornare certi crampi allo stomaco che credeva scomparsi per sempre.

Il mattino seguente, bevendo il caffè in piedi nella cucina dinanzi a sua moglie, che avvolta in una vecchia vestaglia a fiori sgargianti riassettava gli avanzi della colazione dei figli, le annunciò che quel giorno sarebbe andato in ufficio con la macchina.

«Nel pomeriggio devo andare a Lugano per l'ufficio» le spiegò. «Stiamo entrando in società con una banca svizzera» precisò.

Sua moglie Carla non fece nessun commento. Si limitò a chiedergli, un momento prima che uscisse dalla porta, se prevedeva di tornare in tempo per la cena.

«Naturale» le rispose in tono perentorio.

Quando tutti se ne furono andati, sua moglie Carla riordinò la cucina, poi andò in camera da letto e spalancò le finestre. Respirò l'aria tiepida di giugno e rimase a guardare le colline della Brianza non lontane e le montagne azzurrine più in fondo. Le tornò in mente l'appartamento di Milano in zona Città Studi. Se fosse stato per lei, non se ne sarebbe mai andata, ma a un certo punto Ernesto si era messo in testa di comprare una villetta fuori città, lontana dallo smog e dal traffico sempre più congestionato. Era stata felice in quell'appartamento. C'era voluto un po' prima che lei si abituasse a vivere lontano dalla città, ma col tempo si era convinta che era stata una buona scelta. *Sono stata felice anche qui*, pensò. E adesso c'era questo dubbio che la rodeva dentro. Non poteva sopportarlo.

Dopo tutti questi anni... Anche se in realtà non aveva alcuna prova. Solo sospetti, sensazioni, che l'avevano indotta a frugare nelle tasche delle sue giacche, dei suoi pantaloni, in cerca di un indizio che confermasse quello che lei si rifiutava con tutta se stessa di credere. Era stata una ricerca infruttuosa, naturalmente. E tuttavia... il dubbio restava e trovava conferma nel suo comportamento, nei suoi discorsi, nel modo in cui evitava il suo sguardo quando parlavano. Forse aveva smesso di amarla, si disse. Succede, dopo tanti anni di matrimonio. Certo, lo sapeva benissimo anche lei di non essere più la ragazza fresca e attraente che aveva conosciuto trent'anni prima. I figli e gli anni avevano modificato le forme del suo corpo, e il suo viso non era più splendente e privo di rughe come un tempo. Del resto, nemmeno lui era più il ragazzo affascinante che aveva conosciuto allora. Respirò profondamente e ricacciò indietro le lacrime. Il fatto è che non poteva continuare a vivere con questo dubbio, si disse. Doveva sapere. A costo di scoprire una verità amara e carica di sofferenze...

Appena giunto in ufficio, dopo aver faticato non poco per trovare un parcheggio in piazza Sant'Ambrogio, Ernesto chiamò la Bottarelli, la sua segretaria, una signora efficiente sui cinquanta, in leggero sovrappeso, che lavorava con lui da molti anni, e le disse che nel pomeriggio non sarebbe stato in ufficio, quindi di non fissargli nessun appuntamento.

Durante la mattinata sbrigò alcune pratiche urgenti. Poi cercò sulla cartina l'ubicazione esatta dell'albergo, valutando che per raggiungerlo avrebbe impiegato quasi un'oretta. Nel contempo, evitò di soffermare il proprio pensiero sul pomeriggio allettante che lo attendeva, per non correre il rischio di lasciarsi sopraffare dalle proprie emozioni, alle quali tuttavia non poté impedire, a mano a mano che le ore passavano, di avvolgerlo in una ragnatela di vischiose sensazioni.

A mezzogiorno in punto uscì dall'ufficio e s'infilò nel bar di via Carducci, dove ordinò un panino al prosciutto e un calice di vino bianco secco. Mentre consumava il suo spuntino seduto a mezza coscia sullo sgabello dinanzi al bancone, un barlume di buon senso si fece strada dalla profondità del suo animo, riproponendogli i propri scrupoli. Era mai possibile che un uomo di cinquant'anni, con moglie e figli a carico, si lasciasse consapevolmente affogare nel gorgo della passione per una donna? Che cosa aveva di così speciale per sconvolgere la sua mente fino al punto di indurlo a tradire le persone più care che lo circondavano, e più in generale la sua stessa vita fino a quel momento vissuta, senza provare alcun senso di colpa e nemmeno vergogna o pentimento?

Erano domande cariche di disperazione e di profondi dubbi, che tuttavia lo sfioravano appena e che egli ricacciava dentro se stesso insieme al panino e al vino che ingurgitava.

Poco prima dell'una uscì dal bar e raggiunse l'auto in piazza Sant'Ambrogio, improvvisamente preoccupato di giungere in ritardo all'appuntamento. Ripassò mentalmente la strada per arrivare all'albergo e alle due meno dieci, dopo un percorso in mezzo a un traffico a quell'ora scorrevole, individuò, sull'altro lato della statale, la scritta «La Perla Blu» sulla facciata di un edificio anni Sessanta a un piano, in stile moderno e vagamente pretenzioso.

Sistemata la macchina nel parcheggio laterale riservato ai clienti, superò l'ingresso e si ritrovò in un atrio spazioso in fondo al quale era sistemato il bancone della reception. Sulla sinistra si scorgeva, oltre una porta a vetri semiaperta, la sala ristorante, dove alcune persone stavano pranzando. A destra del bancone della reception c'era una scala che certamente conduceva alle camere del piano superiore. Fu sul punto di salirla e di raggiungere la camera n°7 alla chetichella, evitando in tal modo l'imbarazzo di chiedere e rivelarsi.

Ma proprio in quel momento un uomo alto e massiccio, col naso schiacciato e storto, uscì dalla sala ristorante e si portò dietro al bancone, guardandolo con aria interrogativa.

Cazzaniga si sporse in avanti e parlando sottovoce disse che doveva incontrarsi con una signora nella camera n°7. L'uomo lo guardò con aria di sufficienza, e facendo un cenno di assenso con la testa, assumendo un'aria cospiratrice di colui *che sa*, gli disse di salire pure, muovendo gli occhi in direzione della scala.

Le scale e il corridoio erano ricoperte da una moquette consumata che da tempo aveva perso il suo colore originale.

Dinanzi alla porta della camera si fermò incerto, ancora debolmente combattuto tra il bene e il male, tra proseguire o smettere, conscio dell'ipocrisia delle proprie incertezze che a nient'altro servivano se non a rafforzare ulteriormente l'eccitazione del tradimento e del peccato. Infine, dopo aver tirato un lungo e profondo respiro, alzò la mano e bussò. Dopo alcuni secondi gli parve di sentire un debole «Avanti» ma non ne fu molto sicuro. Tuttavia, abbassò la maniglia ed entrò.

La stanza era avvolta nella penombra. La donna gli venne incontro senza parlare e dopo avergli messo le braccia intorno al collo lo baciò appassionatamente sulla bocca. Non l'aveva fatto nel precedente incontro ed egli restò in un certo senso spiazzato da quel gesto, non sapendo esattamente quale interpretazione attribuirgli.

Ciononostante, timorosamente, ricambiò, accogliendo la sua lingua che sentì dura e fresca penetrargli nella bocca con ingordigia.

A scioglierli da quell'abbraccio impetuoso fu un leggero bussare alla porta. La donna si staccò da lui e aprì, lasciando entrare l'omone della reception che, in silenzio e senza nemmeno guardarli, depositò sul tavolino vicino alla finestra due flûte e un secchiello del ghiaccio con dentro una bottiglia di champagne.

Quando furono di nuovo soli egli, vergognandosi con se stesso per non aver neppure lontanamente pensato al tocco di classe dello champagne, si avvicinò alla bottiglia con l'intenzione di aprirla. Ma lei lo fermò.

«No» disse. «Dopo. Adesso spogliami.»

Solo in quel momento Ernesto si rese conto della stranezza del suo abbigliamento. L'abito che indossava, di colore rosso vermiglio completamente chiuso sul davanti da una fila interminabile di bottoncini neri, la cui linea dritta e cascante in nessun modo svelava le morbide e sostanziose rotondità che egli già conosceva, la rendeva simile a un prelato o addirittura a un asceta. Era come se volutamente avesse inteso mortificare le proprie forme esuberanti celandole all'interno di quella specie di abito talare, allo scopo di esorcizzare il peccato della passione carnale che la sovrastava.

Nella penombra di quella stanza, in piedi tra il letto e lo specchio a tutta altezza fissato alla parete, che gli permetteva di vedere anche di retro la figura intera della donna, egli iniziò lentamente, con un leggero fremito delle dita, a sfilare i bottoncini dalle asole. All'altezza del ventre dovette inginocchiarsi dinanzi a lei. Quando anche l'ultimo bottone finalmente fu liberato ed egli si alzò e la guardò in viso, vide che la donna teneva gli occhi chiusi e che dalla sua bocca umida e dischiusa usciva un gemito, o piuttosto una specie di sibilo, simile al fischio di un serpente che sta per scattare sulla preda.

Attese alcuni secondi, ma poiché la donna restava immobile in evidente e ansiosa attesa che lui portasse a termine l'azione intrapresa, aprì l'abito talare che scivolò a terra con un tonfo leggero. Era la seconda volta che i suoi occhi avevano libero accesso alle perfette nudità di quel corpo, ma era la prima in cui poteva ammirarlo completamente in tutto il suo splendore, abbracciandolo con un solo sguardo, in virtù della superficie riflettente, da due angolazioni diverse. La visione, già di per sé sublime, era resa ancor più eccitante dal fatto che indossava calze di seta nera e giarrettiere di raso color oro.

Egli la guardava in silenzio, come davanti a una divinità, con la paura di toccarla, quasi che un suo gesto o una sua parola avessero avuto il potere di farla all'improvviso svanire. E intanto, a causa di chissà quali strani accostamenti mentali, gli venne da riflettere che quella era la quarta donna della sua vita, dopo la signora Teresa, Rosalba e sua moglie, e per un attimo venne colto dallo sgomento della morte. Cominciò a spogliarsi frettolosamente con lo sguardo fisso sulla figura di lei, che continuava a gemere tenendo gli occhi chiusi. Quando fu nudo e si avvicinò, posando le mani sui capezzoli scuri e sporgenti, in preda a una erezione incontenibile, la donna si aggrappò al suo collo furiosamente e con un urlo selvaggio lo trascinò violentemente verso il letto.

Fu una battaglia lunga e sfrenata, intercalata da brevi e opportuni intervalli, non tanto per lei che pareva non stancarsi mai, quanto per lui, che tuttavia non poté fare a meno di stupirsi delle proprie personali prestazioni; segno evidente, pensò compiaciuto, che a cinquant'anni suonati possedeva ancora la virilità necessaria per affrontare e superare alla grande un simile combattimento d'amore.

Quando infine le travolgenti fiamme della passione si tramutarono in cenere, ed egli si apprestò a riprendere fiato, la donna si alzò dal letto e andò in bagno. Ne uscì dopo una decina di minuti con indosso un abito leggero di taglio maschile. Raccolse dal pavimento la veste talare e la infilò in un borsone.

«Si può sapere cosa fai?» non poté trattenersi dal domandarle.

«Adesso devo andare. Tu, però, non uscire subito. Aspetta una mezz'oretta, d'accordo?»

«Ma insomma, non so nemmeno chi sei, come ti chiami. Non so niente di te. Vuoi fermarti un attimo a parlare?»

«Non c'è niente di cui parlare.»

La donna era già sulla porta della stanza col borsone in mano. Si voltò verso di lui e disse: «Se proprio ci tieni, chiamami Ginevra».

«Dimmi almeno come posso rintracciarti.»

La donna scosse la testa. «Ti chiamerò io.» Uscì dalla stanza e scomparve, chiudendosi la porta alle spalle.

Rimasto solo, Cazzaniga restò sdraiato sul letto per molti minuti, impiegandoli a ripercorrere gli attimi salienti del suo secondo incontro con quella donna. Dopodiché si alzò e andò in bagno.

Quando fu rivestito, erano appena le cinque. Poteva prendersela con comodo. Vide la bottiglia di champagne immersa nel ghiaccio ormai completamente sciolto e pensò che per togliere il sapore del sesso che gli legava la bocca non c'era niente di meglio. Aprì la bottiglia. Lo champagne era ancora abbastanza fresco. Mentre si portava il bicchiere alle labbra notò per terra, sotto il tavolino, qualcosa di bianco. Si chinò per raccoglierlo. Era un bigliettino da visita stampato in rilievo con eleganti caratteri in corsivo, intestato a un certo dottor Ermenegildo Bolgetta, completo di via e numero di telefono. Mentre leggeva il nome, per un attimo fu quasi sicuro che la via sarebbe stata Dandolo n°7. Ma si sbagliava. Si trattava di un'altra via, in tutt'altra parte della città. Probabilmente, dedusse, era stato perso da qualche cliente precedente, magari capitato in quella stessa camera per un incontro simile al suo. Fece per tagliarlo a pezzettini e buttarlo nel cestino, ma a un tratto pensò che forse sarebbe stato meglio consegnarlo all'omone della reception, il quale, conoscendo il cliente, avrebbe provveduto a riconsegnarlo al suo titolare. Con questo proposito infilò in tasca il biglietto e uscì dalla stanza.

Ma mentre scendeva le scale per raggiungere il pianterreno, di colpo gli lampeggiò nella mente l'idea che poteva anche averlo perso lei quel biglietto, e che il nome sopra stampato magari apparteneva al marito, o addirittura, pensò con sarcasmo, a un suo precedente amante.

In ogni caso, si disse, poteva essere una traccia che gli avrebbe offerto la possibilità di schiarire l'ombra misteriosa dietro alla quale la donna persisteva nel nascondersi. Lo infilò in tasca e uscì dall'albergo, indirizzando un cenno di saluto al receptionist, non dopo avergli chiesto quanto doveva per lo champagne, che l'omone gli disse essere già pagato.

SETTE

Il mattino del lunedì successivo entrò nel palazzo in cui aveva sede la Banca popolare di Milano con molto anticipo. Giunto nel suo ufficio, prese la guida telefonica e con leggera trepidazione la consultò.

Di Bolgetta ne comparivano almeno una decina, ma soltanto uno era il dottor Ermenegildo Bolgetta abitante, com'era scritto sul biglietto da visita in suo possesso, in via V. Monti. Soddisfatto della conferma rimise al suo posto la guida e si dispose, con una carica di energia simile a quella che in passato l'aveva imposto all'attenzione dei suoi superiori, a iniziare il proprio lavoro quotidiano.

Intorno alle 11.00 si concesse un attimo di pausa. Afferrò con decisione il telefono e compose il numero del Bolgetta. Dopo tre squilli una voce femminile con un forte accento veneto rispose.

«Buongiorno» esordì Cazzaniga, imprimendo alla sua voce il timbro professionale che gli era abituale. «Vorrei parlare col dottor Bolgetta, per favore.»

«Mi dispiace ma il dottore non c'è. È fuori Milano fino a venerdì.»

«Capisco. Senta, mi scusi, siccome ho avuto il numero di telefono da un conoscente, vorrei sapere se il dottore è uno specialista in malattie respiratorie come mi hanno detto.»

«Malattie respiratorie?» Ci fu una risatina subito repressa. «Si sta sbagliando, signore, il dottore non è medico, il dottore è un avvocato.»

Egli restò un attimo in silenzio. Poi, fingendo sorpresa e costernazione disse: «Probabilmente mi hanno dato un numero sbagliato. È proprio sicura che non si tratti di un medico?».

«Diamine, vuole che non lo sappia? Sono al suo servizio da cinque anni!»

«E non sa se per caso ha un fratello o un parente con lo stesso nome che fa il medico?»

«Non mi risulta. Fratelli il dottore non ne ha. Ne aveva uno, ma è morto più di dieci anni fa. E poi nemmeno lui faceva il medico.»

«Magari ha dei figli, uno dei quali medico» insistette, approfittando della loquacità della donna.

«No, il dottore figli non ne ha. E a quel che mi risulta, nemmeno la signora.»

«La signora Ginevra?» buttò lì lui, pieno di speranza.

«Mi scusi, ma non è quello il nome della signora» rispose la donna diventando all'improvviso sospettosa. «Chi è lei? Perché mi fa tutte queste domande? Le ho già detto che il signore non c'è e che non è un medico!»

«Dev'esserci stato un errore, mi scusi» e riagganciò.

Era stata una telefonata inconcludente, ma una cosa l'aveva almeno saputa: la moglie di quel tale non si chiamava Ginevra, quindi era da scartare qualsiasi legame con questo dottor Bolgetta. A meno che... A meno che lei non gli avesse dato un nome falso. Niente di più facile, considerando il comportamento misterioso e bizzarro di quella donna.

Tormentato da questo dubbio e indeciso se presentarsi personalmente dal dottor Bolgetta per restituirgli il biglietto da visita spiegandogli dove e quando ne era entrato in possesso, dirottò la propria attenzione sul lavoro arretrato che giaceva sulla scrivania, rimandando qualsiasi decisione al venerdì prossimo, quando l'avvocato sarebbe rientrato in città.

Nel frattempo se la donna, Ginevra, lo avesse chiamato per fissare un nuovo incontro, l'avrebbe messa alle strette mostrandole il biglietto da visita e dicendole che era sua intenzione consegnarlo personalmente al proprietario.

Tali intendimenti, rimuginati e rimescolati per l'intera mattinata a intervalli regolari tra lo svolgersi di una pratica e l'altra, assunsero un diverso aspetto nel pomeriggio, quando si chiese per quale motivo e a quale scopo dovesse mettersi a scavare nella vita privata della donna, col rischio di rovinare il suo ménage familiare e di veder interrompersi di colpo il loro rapporto appena iniziato.

In fondo, che importanza aveva per lui scoprire chi fosse in realtà quella donna, se facendolo poteva in qualche modo pregiudicare il susseguirsi di quegli incontri? Forse era proprio quello che lei voleva, o meglio, esigeva: mistero e segreto assoluti nei confronti della sua vita privata. E tuttavia il dubbio e la curiosità rimanevano. Persistevano a rodergli l'animo come tarli all'interno di un legno antico, che solo le fiamme sarebbero riuscite a distruggere.

Per tutto il giorno egli non si allontanò dalla sua scrivania, se non per brevi istanti, nella segreta speranza di sollevare il telefono e sentire la voce rauca e profonda che di nuovo sarebbe giunta ad aprirgli le porte del paradiso. Ma ciò non avvenne. I motivi di quel silenzio potevano essere tanti, naturalmente, ivi compreso, pensò a un tratto, che davvero fosse la moglie del Bolgetta e che quindi si trovasse con lui fuori città appunto fino a venerdì.

Solleticato da questa ipotesi e sospinto da una smania irresistibile di sapere, verso le sei meno un quarto, quando la Bottarelli se n'era andata e gli uffici erano deserti, sollevò la cornetta e ricompose il numero dell'avvocato. La voce che dopo un paio di squilli rispose all'altro capo del telefono era della stessa donna che aveva risposto la prima volta.

«Buonasera, vorrei parlare con la signora Bolgetta, per cortesia» proferì cercando di falsare la voce.

«La signora non c'è, è fuori.»

«Quando la posso trovare?»

«Non so, non credo...»

In quel momento si sentì all'interno del microfono un tramestio di voci sommesse e di rumori gracchianti. Subito dopo una voce d'uomo baritonale e fischiante, simile a quella di un asmatico, inveì: «Senta, lei è un bel farabutto! Le ho già detto che non le darò nemmeno una lira. Quindi la smetta o sarò costretto a chiamare la polizia. Ha capito bene?».

La comunicazione venne bruscamente interrotta.

Una mezz'oretta più tardi, salendo sul treno delle 19.00 per Saronno, si stava ancora domandando il significato di quelle parole che Bolgetta, perché sicuramente di lui si trattava, aveva sibilato al telefono con una rabbia da animale braccato. Verosimilmente qualcuno lo stava ricattando, perlomeno quella era stata la supposizione che la frase gli aveva suggerito. E subito si domandò: ammesso che Ginevra fosse davvero la moglie del Bolgetta, c'entrava qualcosa col ricatto?

Sicché adesso erano due i motivi che lo rendevano impaziente di rivederla: il primo era quello di abbeverarsi di nuovo alla fonte del suo corpo, il secondo era scoprire la verità dell'enigma. Tuttavia era anche consapevole che non aveva, almeno per il momento, altra via che quella dell'attesa: doveva cioè rassegnarsi ad aspettare che lei lo chiamasse per fissare un nuovo incontro. Il che sarebbe potuto anche non accadere mai più, lasciandolo per sempre nel dubbio, e inoltre mettendolo dinanzi alla non facile scelta di continuare ugualmente le indagini o rinunciarvi per sempre.

La telefonata arrivò inaspettata il mercoledì mattina della settimana successiva, quando Cazzaniga, avendo ormai perso ogni speranza, si apprestava a collocare l'avvenimento nella categoria delle imponderabili e spesso imprevedibili combinazioni della vita.

Come le volte precedenti la telefonata fu breve e concisa.

«Ti aspetto oggi pomeriggio alle cinque in via Dandolo» e subito riagganciò.

L'appuntamento lo colse del tutto impreparato. Non se l'aspettava, e quindi non aveva potuto preventivamente costruire un alibi con sua moglie su un possibile ritardo, né venire in ufficio con la macchina per non essere legato agli orari dei treni. Tuttavia non prese in considerazione nemmeno per un istante la possibilità di non andarci.

A mezzogiorno telefonò a casa e disse a sua moglie che probabilmente quella sera avrebbe fatto tardi a causa di una riunione fissata dal direttore generale per le 18.00. Sua moglie gli domandò – con un tono che gli parve ironico, tanto che si sentì autorizzato a rimarcare il fatto che dopotutto non si stava divertendo e che non poteva certo mancare a una riunione del direttore generale – se dovesse tenergli in caldo la cena.

«Direi di sì» rispose con calma. «Cercherò di prendere il treno delle 20.00.»

Il sarcasmo che da qualche tempo sua moglie metteva in mostra quando le annunciava che avrebbe fatto tardi per questioni d'ufficio, quasi sapesse dei suoi incontri segreti (ipotesi che lui escludeva nella maniera più assoluta), lo mise di cattivo umore; che tale rimase fino alle 16.30 del pomeriggio, ora in cui uscì dall'ufficio e si diresse verso la metropolitana.

Scese a San Babila e dieci minuti più tardi, vale a dire alle 16.55 precise, era dinanzi al portoncino verde di via Dandolo.

Premette il pulsante del citofono e attese lo scatto automatico dell'apertura. Dopo un paio di minuti, visto che nessuno apriva, schiacciò di nuovo il pulsante. Sembrava che nella casa non ci fosse anima viva. Forse non aveva capito bene? Forse gli aveva detto domani e lui aveva capito stasera? Premette per la terza volta il pulsante. Silenzio.

Ormai sicuro che nella casa non ci fosse nessuno, fece per voltarsi e andarsene, quando, guardando più attentamente, s'accorse che il portoncino non era chiuso ma semplicemente accostato. Sospinto da una immediata verifica allungò la mano e spinse il battente, che infatti si aprì con un leggero cigolio verso l'interno buio.

Senza pensarci un istante, s'infilò nell'ingresso che già conosceva chiudendosi l'uscio alle spalle. Tese le orecchie. La casa era immersa in un silenzio spettrale. Avanzò verso la porta a vetri che separava l'ingresso dal salone, dicendosi che se il portoncino d'ingresso era aperto qualcuno doveva pur esserci.

Dinanzi alla porta a vetri, anch'essa socchiusa, si fermò ancora un istante. Poi, nel persistente silenzio che regnava, spinse il battente appoggiandovisi ed entrò nella stanza. Mentre avanzava pronunciò il nome della donna, con una voce né forte né bassa, ma piuttosto gutturale, come uscitagli dalla gola nello stesso momento in cui un grumo di catarro transitava sulle sue corde vocali. Si schiarì la voce e di nuovo proferì: «Ginevra, ci sei?». Nessuno rispose.

Lentamente attraversò il salone, nel quale nulla era mutato, salvo per i divani e le poltrone che erano ricoperti da lenzuola bianche. Si portò vicino al camino di pietra, rivivendo per un istante l'emozione del primo incontro.

Quando si riscosse notò, sul lato opposto alla grande vetrata, nell'angolo di fianco al camino, una porta che la prima volta, occupato a percorrere sentieri di tutt'altra natura, non ricordava d'aver visto.

Sordo alla voce interna che saggiamente gli suggeriva di andarsene subito da quella casa, e come prigioniero di una smania incontenibile che lo avrebbe spinto fino all'inferno, si avvicinò a quella porta e lentamente la dischiuse. Al di là gli apparve un corridoio stretto e lungo, in fondo al quale, da una porta aperta, una lama di sole penetrava illuminando l'angusto spazio.

Come attratto da quel fascio di luce e ormai deciso a effettuare l'ispezione completa della casa, percorse il corridoio e in pochi secondi fu dinnanzi all'uscio.

Quello che vide lo pietrificò. Sopra un enorme letto matrimoniale, distesa sul ventre con i capelli arruffati e le natiche rotonde indorate dai raggi del sole, giaceva abbandonato il corpo di una donna che egli non ebbe un attimo di esitazione nel riconoscere.

Era proprio lei, Ginevra, completamente nuda, salvo per le giarrettiere e le calze di seta nera.

Non avrebbe avuto alcun bisogno di vederla in volto per esserne certo, ciononostante, come mosso da una forza misteriosa, si avvicinò, allungò la mano e, afferrandola per una spalla, non senza sforzo la rigirò.

In seguito non riuscì mai a ricordare con precisione il momento in cui divenne consapevole della tragedia di cui era suo malgrado testimone, tanto lontano e inimmaginabile dalla sua mente era il pensiero di scoprire ciò che, in effetti, scoprì. Ma se quel momento ci fu, va senz'altro collocato nell'attimo stesso in cui, capovolto il corpo, il volto della donna gli si rivelò in tutta la sua tremenda e spietata realtà.

Gli occhi spalancati e come fuoriuscenti dalle cavità orbitali, la lingua che sporgeva gonfia e bluastra dalla bocca, il collo e le mammelle piene di lividi, dapprima sortirono in lui un effetto di indefinibile e ilare incredulità, che subito dopo si tramutò in puro e cieco terrore, che lo mise in uno stato di agitazione e di sgomento tali, da rendergli quasi impossibile, per un lungo momento, di ritrovare le capacità motorie per fuggire da quella casa il più in fretta e il più lontano possibile.

OTTO

La notizia venne riportata dal *Corriere* sulle pagine della cronaca cittadina la mattina di venerdì 17 luglio.

Una giovane donna di trentacinque anni, tale Rossana Giuditta Casalegno in Bolgetta, è stata assassinata mediante strangolamento nell'appartamento di sua proprietà in via Dandolo n°7. Il corpo esanime è stato rinvenuto dalla donna di servizio il mattino successivo alla morte della Casalegno, avvenuta, a detta del medico legale, nel pomeriggio del 15 luglio. Le indagini del caso saranno svolte dal commissario Di Puma, capo della squadra omicidi di Milano. Il commissario, dopo aver esaminato i primi indizi, ha escluso in modo assoluto un omicidio a scopo di rapina. Nessun oggetto di valore è stato, infatti, prelevato dall'appartamento. Il portoncino d'ingresso era chiuso e privo di segni evidenti di scasso. Pertanto i sospetti si convogliano verso un delitto a sfondo sessuale, perpetrato o da un amante occasionale, oppure – ed è questa l'ipotesi più probabile – da qualcuno che la donna conosceva bene e con la quale era solita intrattenersi in incontri d'amore. Dalle prime indiscrezioni pare, infatti, che la donna, sposatasi in seconde nozze col dottor Ermenegildo Bolgetta, avvocato di solida posizione ed ex deputato del Partito socialista, di quarantacinque anni più vecchio di lei, conducesse una vita privata non proprio esemplare. Tale supposizione tro-

verebbe conferma anche nel fatto che il corpo, trovato in camera da letto con indosso soltanto reggicalze e calze di seta nera, era pieno di lividi, segni evidenti di un'avvenuta lotta tra la donna e il suo aggressore.

Il commissario Di Puma, che sta indagando sulla vita privata della donna in cerca di una traccia anche debole in grado di farlo risalire lungo il percorso degli avvenimenti, ha affermato, in mattinata, di essere entrato in possesso di alcuni importanti elementi che imprimeranno alle indagini una svolta fino a tal punto determinante, da non richiedere più di qualche settimana per il loro completo chiarimento.

Seduto sul treno che lo portava a Milano come ogni mattina, Cazzaniga terminò di leggere quelle righe di cronaca e chiuse il giornale. Disperse lo sguardo sulla campagna che scorreva placida oltre il finestrino, a lui familiare e quindi priva di interesse, benché nello stato di depressione e di annientamento in cui si trovava il suo animo, nessun paesaggio al mondo avrebbe avuto su di lui un diverso effetto.

Ma occorre procedere con ordine e per farlo bisogna tornare al mercoledì pomeriggio quando, scoperto il cadavere della donna, era uscito di corsa da quella casa e, senza mai voltarsi, in preda a uno stato mentale confusionale nel quale predominava la tremenda certezza che di lì a pochi giorni sarebbe stato accusato di omicidio e incarcerato, era giunto esagitato alla stazione Cadorna e al volo era saltato sul treno delle 17.40, che proprio in quel momento stava partendo.

Naturalmente non si ricordò di aver telefonato a sua moglie per dirle che quella sera sarebbe rientrato tardi, e anche se si fosse ricordato non avrebbe dato alla cosa la minima importanza. Fatto sta che, dopo un viaggio durante il quale cercò di calmarsi e di ragionare freddamente, arrivando alla conclusione che non esistevano indizi a suo carico in grado di accusarlo né tanto meno un movente logico sul quale impostare un'accusa precisa, arrivato a casa e salutato Black, che gli corse incontro senza abbaiare, come se fosse consapevole del suo stato d'animo, entrò in casa in silenzio, quasi di soppiatto, alla stregua di un ladro o di chi, per una ragione o per l'altra, non volesse farsi sentire.

Il silenzio che vi regnava in un primo momento lo meravigliò. Poi si ricordò che i ragazzi erano partiti per un lungo fine settimana al mare, ospiti di un loro amico i cui genitori possedevano un appartamento a Sestri Levante. Quanto a sua moglie Carla, pensò che probabilmente era uscita per fare delle compere o per qualche altra incombenza.

Tirando un sospiro di sollievo per essere da solo andò in soggiorno, si versò un cognac trangugiandone una lunga sorsata e si lasciò sprofondare sul divano con ancora dinanzi agli occhi il volto trasfigurato della donna.

Non seppe mai per quanto tempo restò immobile in quella posizione, immerso in una confusione di pensieri sconvolgenti, nei quali dominava la tragedia di cui era stato suo malgrado testimone; ma a un certo punto, ritornando per un istante alla realtà che lo circondava, gli parve di sentire il sibilo di un respiro affannoso, o piuttosto una specie di rantolo, proveniente dalla camera da letto del piano superiore. Si alzò in piedi con fatica – improvvisamente si sentiva stanco e pieno di antichi e familiari dolori – e salì lentamente le scale con la certezza di trovare sua moglie distesa sul letto in preda a certi crampi allo stomaco cui ultimamente andava soggetta.

La porta era socchiusa. Egli l'aprì lentamente col proposito di chiederle se avesse bisogno di qualcosa. Ma la stupefacente visione che si presentò ai suoi occhi gli soffocò in gola le parole, facendogli mancare letteralmente il respiro.

Lì sul letto, *sul suo letto*, un uomo, di cui poteva vedere soltanto la schiena inarcata e le natiche dure e pelose che si muovevano freneticamente, stava possedendo sua moglie, le cui gambe divaricate e innalzate gli attanagliavano i fianchi in una stretta convulsa e indissolubile.

Impalato, rimase incredulo e sbigottito a fissare quella scena incredibile, e ancor di più lo fu quando riconobbe, dalla massa di capelli riccioluti e biondi, Roberto, il loro vicino di casa.

Restò lì immobile, incapace di prendere una qualsiasi decisione, finché sua moglie, voltando la testa in un movimento di spasmodico piacere, incrociò, al di sopra della spalla dell'uomo che la sovrastava, il suo sguardo sbalordito. E tuttavia il ritmo dei due corpi non subì alcun rallentamento, tanto avanti erano ormai nell'esercizio e forse anche in prossimità della meta finale; ma gli occhi della donna si dilatarono per la sorpresa, come se una lancia l'avesse trafitta in mezzo al petto.

In seguito si domandò se non fosse stato piuttosto il raggiungimento dell'orgasmo a farglieli dilatare. Ma in quel momento dovette correre in bagno a vomitare. E mentre piegato sulla tazza del water rigurgitava la materia velenosa che lo soffocava, nemmeno lui fu in grado di capire se la causa di quella eruzione malefica fosse l'assassinio della sua *amante* o il tradimento della propria moglie.

SECONDA PARTE

NOVE

Nativo di Giarre, il commissario Di Puma si era trasferito nel capoluogo lombardo da oltre trent'anni, e lì aveva costruito la propria carriera e sposato una ragazza milanese, integrandosi nel tessuto e nella mentalità cittadina fino al punto di impararne il dialetto. A cinquant'anni suonati, con due figli a carico, un maschio e una femmina, di venti e ventidue anni, che frequentavano con profitto l'università, e una moglie ancora piacente che continuava a desiderare dopo venticinque anni di matrimonio, poteva considerarsi appagato. Se non fosse stato per una artrosi cervicale che da qualche anno lo tormentava (e che combatteva invano con pastiglie antidolorifiche) e per una leggera gastrite che lo obbligava a stare attento a ciò che mangiava, si sarebbe sentito sereno anche sul fronte della salute; ma non si può aver tutto dalla vita e poi c'è sempre chi sta peggio, si ripeteva spesso a mo' di consolazione.

Accese il primo Garibaldi della giornata, si passò una mano tra i capelli brizzolati ancora folti e, appoggiandosi allo schienale della poltroncina, emise un sospiro contrariato.

La temperatura esterna segnava 32 gradi. Da un paio di giorni la città era prigioniera di un'afa insopportabile. Anche nel suo ufficio, benché la finestra fosse rivolta a nord, il caldo era soffocante. Si alzò, si avvicinò al fan-coil posizionato sotto la finestra, che avrebbe dovuto sputare aria calda d'inverno e fredda d'estate, e mise la mano sopra la grata, constatando, con disappunto, che di aria non ne usciva affatto, né calda né fredda.

«Questi maledetti aggeggi non funzionano mai!» brontolò tra sé.

Smanettò l'interruttore della temperatura girandolo a destra e a sinistra, ma non ottenne alcun risultato. In quel momento entrò nell'ufficio l'agente Lo Forte, un trentenne nato a Milano da genitori calabresi emigrati al nord sul finire degli anni Sessanta, che da qualche mese gli avevano affiancato al commissariato.

«Questo dannato fan-coil non funziona già più!» sbraitò il commissario.

«Il tecnico che è venuto l'altro giorno a controllarlo dice che sono macchine troppo vecchie, che andrebbero sostituite.»

«Ah be', allora mettiamoci il cuore in pace» sospirò sconsolato l'uomo, che ormai conosceva bene come funzionavano le cose nella pubblica amministrazione. «Vedi se puoi procurarmi almeno un ventilatore» aggiunse.

«Okay, commissario» disse Lo Forte appoggiando il rapporto del medico legale sulla scrivania. «L'autopsia conferma che la Casalegno è stata uccisa mediante strangolamento. Dopo averla uccisa, l'assassino le ha tagliato il clitoride» concluse facendo una smorfia di ribrezzo e uscendo dall'ufficio.

Di Puma andò a sedersi dietro la scrivania e si apprestò a leggere il rapporto.

Nella sua ormai ventennale carriera non era la prima volta che aveva assistito a mutilazioni del genere. Una decina di anni prima gli era capitato di indagare su tre delitti alle cui vittime, tutte ragazzine tra i quattordici e sedici anni, era stato asportato e ripulito l'intero pube, quasi certamente dopo averle stuprate, circostanza che tuttavia non poté essere immediatamente confermata, per il semplice motivo che ai cadaveri quella parte anatomica mancava. L'assassino, un cinquantenne con turbe psichiatriche che viveva con l'anziana madre, scoperto dopo lunghe e laboriose indagini, negò lo stupro ma non seppe spiegare il perché avesse asportato l'utero alle ragazzine né cosa ne avesse fatto. La perizia psichiatrica attestò che lo fece per sfregiare il simbolo del suo desiderio. Venne condannato a trent'anni, ma dopo due venne trovato impiccato nella sua cella.

Il commissario appoggiò sulla scrivania il rapporto del medico legale e riaccese il Garibaldi che aveva lasciato spento nel portacenere.

Lo Forte rientrò nell'ufficio. «Ho telefonato all'economato per richiedere il ventilatore. Mi hanno detto che è inutile, perché domani viene di nuovo il tecnico del fan-coil.»

«Siamo apposto» sospirò il commissario. «Be', mettiamoci al lavoro per scoprire questo assassino.»

Dopo la prima settimana di scrupolose indagini, il commissario aveva potuto inserire nel libro dei sospettati almeno quattro individui.

Il primo era lo stesso Ermenegildo Bolgetta, marito della vittima. Un signore di ottant'anni di ricca famiglia borghese, avvocato ed ex deputato dell'ormai estinto Partito socialista, che fu molto chiacchierato nel periodo di Mani Pulite e in seguito indagato, ma senza che nei suoi confronti emergessero fatti tali da renderlo perseguibile penalmente. L'uomo, accecato dalla gelosia per i continui tradimenti subiti da una moglie di oltre quarant'anni più giovane, quel pomeriggio poteva senz'altro essersi recato nell'appartamento di via Dandolo, del quale per sua stessa ammissione possedeva le chiavi, all'insaputa della donna. Avendola colta in abiti succinti in attesa dell'amante di turno, dopo una violenta discussione, durante la quale si poteva facilmente immaginare lo scambio reciproco di insulti e minacce, Bolgetta era ben presto passato a vie di fatto, ingaggiando con la donna una lotta furibonda, a seguito della quale, sospinto da una rabbia furiosa, l'aveva strangolata nel medesimo letto dove soleva farsi sbattere dai suoi amanti.

Era la più semplice e la più banale delle supposizioni, non mancando quasi mai, infatti, a un marito tradito né il movente né l'ira omicida. Tuttavia, nel caso specifico dell'avvocato, che il commissario aveva interrogato il giorno seguente il delitto nella sua casa di via Vincenzo Monti, appariva insostenibile per almeno due motivi: primo, Bolgetta era stato in grado di fornire un alibi incontestabile, convalidato dal domestico Ottavio, il quale aveva senza incertezze asserito che quel giorno il signore era rimasto nel suo studio per tutto il pomeriggio; secondo, l'età avanzata, ma più ancora il suo precario stato di salute – era afflitto dal morbo di Parkinson – rendeva difficile, se non impossibile, figurarselo in grado di sopraffare una donna ancora giovane e in piena salute.

Il secondo indiziato era un certo Gianfranco Malaspina, un uomo aitante sulla quarantina, divorziato, commerciante di pietre preziose. Convocato in questura dal commissario Di Puma, grazie al suo nome scritto sull'agendina ritrovata nell'appartamento di via Dandolo, sulla quale la Casalegno aveva annotato con precisione il nome e il cognome degli uomini che aveva frequentato negli ultimi mesi, non ebbe difficoltà ad ammettere di essere stato, fino a sei mesi prima dell'omicidio, l'amante della vittima per circa un anno.

«Come ha conosciuto la vittima?» domandò il commissario.

«Venne alla Diamond, dove allora lavoravo, perché aveva intenzione di comprare un anello di rubini. In quel momento non avevamo in casa il tipo di gioiello che lei desiderava. Le dissi che probabilmente ne sarebbe arrivato qualcuno la settimana entrante. Mi chiese, quando li avessi avuti, se fossi stato così gentile da andare a mostraglieli a casa sua.»

«E lei ci andò?»

«Naturalmente. La settimana dopo la chiamai e lei mi diede appuntamento per le quattro del giorno successivo in via Dandolo.»

«Comprò l'anello?»

«Sì» disse il Malaspina con una smorfia tra il serio e il faceto. «Ma prima...» s'interruppe, sporgendosi in avanti e guardando il commissario come se stesse per rivelare un segreto importante.

«Ma prima?» lo esortò il commissario.

«Signor commissario, sono un uomo di mondo e non mi meraviglio più di niente ormai. Ma la *mise* che indossava, quando venne ad aprirmi la porta e mi disse di seguirla nel grande soggiorno, non era propriamente la più adatta per un incontro, diciamo, di affari.»

Il commissario alzò il mento verso di lui. «E com'era questa *mise*?»

«Un paio di slip neri che le coprivano appena il pube, calze di seta nere autoreggenti e una lunga vestaglia trasparente completamente aperta sul davanti. "Prima di parlare d'affari, giochiamo un po'" mi disse, andando verso il grande divano del soggiorno, sul quale si sdraiò, allungandosi languidamente e aprendo le gambe. Cosa vuole, signor commissario, davanti a un simile spettacolo...»

«Va bene, va bene, mi risparmi i dettagli» lo interruppe Di Puma. «Quando ha visto la vittima per l'ultima volta?»

«Come le ho detto, fu circa tre mesi fa. Mi telefonò dandomi appuntamento per un aperitivo al bar Gin Rosa in San

Babila, dopo quindici giorni che non ci sentivamo. Senza tanti giri di parole mi disse che da quel momento la nostra relazione era da considerarsi terminata. Non mi diede alcuna giustificazione, né io gliela chiesi. In fondo, anch'io cominciavo a stancarmi. Era una donna che in certi momenti mi metteva quasi paura. Doveva ancora darmi dei soldi dell'anello, ma lasciai perdere. In fondo, era soltanto una cagna in calore sempre bisognosa di nuovi uomini.»

Indagini approfondite precedentemente svolte dal commissario avevano messo in chiaro che Malaspina, recentemente licenziato dalla Diamond, la società che importava diamanti grezzi dalla Danimarca, a causa di non meglio precisati imbrogli e raggiri che non erano stati dai titolari denunciati per un misto di pietà e indulgenza, era attualmente disoccupato, vale a dire senza un lavoro fisso, a meno che non si volessero considerare come tali certi piccoli affari al limite della legalità che svolgeva con la complicità di ricettatori senza scrupoli.

A parte ciò, che al fine delle indagini specifiche avevano scarso rilievo, Malaspina risultava comunque privo di un solido alibi in grado di dimostrare dove si trovasse nelle ore in cui era stata uccisa la Casalegno.

«Quel pomeriggio sono rimasto nel mio appartamento di via Melzo fino alle quattro» affermò. «Dopodiché mi sono recato da un cliente che ha una gioielleria in via Porpora, dove sono arrivato intorno alle quattro e mezza.»

«A che ora se n'è andato?»

«Non ricordo con precisione, ma non prima delle sei, sei e mezza.»

«Controlleremo» disse il commissario.

Congedato l'uomo con l'intimazione di restare comunque a disposizione per eventuali ulteriori richieste e verifiche, il commissario Di Puma si recò in compagnia dell'agente Lo Forte nella gioielleria di via Porpora.

Il proprietario, signor Segre, un anziano signore di origine ebrea i cui genitori erano entrambi morti ad Auschwitz nel 1944, rammentava che Malaspina era sì venuto nel suo negozio quel pomeriggio, ma non poteva essere preciso sull'orario. «Di certo erano passate le quattro» disse corrugando la fronte come per meglio ricordare.

«E a che ora se ne andò?»

«Alle sei e trenta precise» confermò il titolare. «Lo ricordo perché mi telefonò mia moglie e guardai l'ora.»

A questo punto, considerato che la Casalegno era stata uccisa nel lasso di tempo tra le 15.30 e le 16.30, come risultava incontrovertibilmente dalla necroscopia eseguita dal medico legale, si poteva facilmente calcolare che Malaspina avrebbe avuto a disposizione il tempo necessario per recarsi nell'appartamento di via Dandolo, uccidere la Casalegno e quindi recarsi tranquillamente in via Porpora dal suo cliente. Il movente si poteva senza difficoltà individuare nei soldi che la donna gli doveva e nel fatto che la vittima lo aveva per così dire liquidato, magari brutalmente e con pesanti offese che, pronunciate con astio e cattiveria, potevano aver adirato e umiliato l'uomo fino al punto di fargli perdere il lume della ragione.

Una reazione esagerata anche per un tipo balordo come Malaspina, si ripeteva il commissario Di Puma. E tuttavia da non scartare completamente, essendo la mente umana capace di imprevedibili quanto crudeli decisioni.

Il terzo indiziato, tale Cerutti Giampiero, anche lui estrapolato dall'agenda della Casalegno, si rivelò essere un pittore cinquantenne che si era creato una certa fama dipingendo falsi di nudi femminili di famosi pittori ottocenteschi, con studio e abitazione in una casa a ringhiera sul Naviglio, presso il quale il commissario Di Puma si recò per interrogarlo. Egli negò con fermezza di essere stato l'amante della vittima, affermando di non aver mai messo piede nell'appartamento di via Dandolo e di averla conosciuta soltanto qualche mese prima per motivi prettamente artistici.

«In che senso artistici?» gli aveva chiesto il commissario, arcigno.

Cerutti, un tipo alto e magro con una faccia affascinante da artista tormentato e una massa di capelli lunghi e grigi raccolti dietro la nuca in una coda di cavallo, sembrò avere un momento di incertezza e di disagio.

«Venne nel mio studio perché voleva che la ritraessi nuda, sdraiata sul sofà nella posa della Venere del Tiziano.»

«E glielo fece, questo ritratto?»

«Ci mettemmo d'accordo sul prezzo e sul giorno. Quando venne, senza il minimo disagio, si spogliò completamente e si mise a girare su se stessa come se volesse mettersi in mostra. Aveva un bel corpo, indubbiamente. Poi mi venne vicino chiedendomi se gli piacessi e, prendendomi la mano, se l'appoggiò sul seno. Le dissi che non era mia abitudine fare sesso con le clienti, e che comunque il suo era un genere che non mi interessava.»

«In che senso, mi scusi?» domandò il commissario corrugando la fronte.

«Nel senso che sono gay» affermò Cerutti con un sorriso placido.

«E quale fu la reazione della donna?»

«Restò un attimo sconcertata. Poi si rivestì in tutta fretta e se ne andò, senza dire una parola.»

«Dopodiché?»

«Dopodiché non l'ho più vista né sentita.»

«Quindi lei conferma di non aver mai messo piede nell'appartamento di via Dandolo.»

Cerutti scosse la testa. «Mai stato. Nemmeno sapevo dove abitava.»

Del quarto indiziato si era potuti risalire, oltre al nome sull'agendina, anche ad altri dati, grazie a un bigliettino da visita trovato infilato tra le pagine di un famoso romanzo di Gabriel García Márquez durante la perquisizione nell'appartamento in via Dandolo. Il commissario poteva disporre, quindi, per il momento, della seguente scheda informativa redatta dall'agente Lo Forte:

- *Ernesto Cazzaniga di anni cinquanta*
- *Domiciliato a Saronno*
- *Professione: dirigente della Banca Popolare di Milano*
- *Sposato con Carla Moltrasio di anni quarantasette, casalinga*
- *Due figli: Simona e Matteo, rispettivamente di anni venti e ventidue*
- *Precedenti penali: nessuno*

DIECI

Puntuale come tutti gli eventi del destino, la convocazione giudiziaria giunse sulla scrivania di Cazzaniga il mattino del mercoledì successivo a quello del delitto. A consegnargliela, dopo aver chiesto con discrezione di voler conferire con lui per questioni personali, fu l'agente Lo Forte in persona, che appunto come tale si presentò, esibendo, a indiscutibile conferma, il distintivo della polizia di Stato.

Poiché la comunicazione non conteneva motivazioni precise, l'agente Lo Forte, dietro richiesta dell'uomo, fornì alcune delucidazioni in merito, benché in realtà non ce ne sarebbe stato alcun bisogno, perché Ernesto, visto di sfuggita il distintivo e letta l'intestazione del foglio, aveva immediatamente compreso che il momento tanto temuto era arrivato.

«Il commissario Di Puma desidera farle alcune domande riguardo una certa Rossana Casalegno in Bolgetta» disse l'agente Lo Forte in tono piatto e senza alcuna espressione sul volto accigliato e scuro da meridionale. «Immagino che abbia letto del delitto sui giornali» continuò l'agente, visto il silenzio del suo interlocutore.

«Sì, ho letto...» rispose evasivo Cazzaniga.

«Dalle indagini svolte è saltato fuori il suo nome» puntualizzò l'altro. «La conosceva?»

«È possibile» ammise Ernesto allargando le braccia. «Il lavoro che svolgo mi mette in contatto con molta gente.»

«Comunque si tratta di una semplice deposizione» tagliò corto Lo Forte. «Non ci vorrà molto tempo» concluse congedandosi.

Cazzaniga piegò il foglio pieno di timbri e di riferimenti incomprensibili e pensò *Ci siamo*.

Aveva sperato che l'unico indizio attraverso il quale potevano arrivare a lui, vale a dire il biglietto da visita che ingenuamente le aveva consegnato la prima volta che si erano incontrati in via Dandolo, non venisse scoperto, magari perché la donna lo aveva perso, o soltanto annotato nella sua mente e poi distrutto. E invece ecco che, dopo appena una settimana dal delitto, il suo nome compariva già nella lista dei sospettati. Era stata una vera imprudenza consegnarle quel biglietto, e ancora più sventato non cercarlo quando l'aveva trovata morta sul letto. Neppure ci aveva pensato, in realtà. Si concentrò quindi sulla predisposizione di un piano di difesa, o meglio di una motivazione valida capace di spiegare, e casomai chiarire, quale tipo di rapporto ci fosse stato tra lui e la donna.

Intorno a mezzogiorno gli restava un ultimo dettaglio da definire e per farlo chiamò in aiuto la Bottarelli, la sua segretaria.

«Ho bisogno che lei mi faccia un piacere» le disse dopo che si fu seduta dinanzi alla sua scrivania. Pronunciò quelle parole in tono confidenziale, sporgendosi leggermente in avanti e abbassando la voce.

«Di un piacere molto personale e delicato» precisò.

«Se posso, ben volentieri» rispose tranquilla la donna.

«Mercoledì della settimana scorsa uscii dall'ufficio verso le quattro, ricorda?»

La segretaria rimase un attimo pensierosa. Aggrottò la fronte e disse: «Sì, mi pare. A essere sincera, però, non ricordo se fosse mercoledì o giovedì. Se vuole posso controllare sull'agenda».

«Controlli pure, ma era mercoledì, glielo dico io. Comunque non è questo il punto. Il punto è che se qualcuno della polizia dovesse venire a chiederglielo, lei dovrà confermare che mercoledì pomeriggio sono rimasto seduto in questo ufficio fino alle 18.00. Ha capito bene?»

La donna, che conosceva Cazzaniga da molti anni e che lo considerava un uomo integerrimo e un buon padre di famiglia, lo guardò con aria spaventata e incredula.

«Sbaglio, o mi sta chiedendo di testimoniare il falso?» domandò.

«Non esageriamo» fece Ernesto leggermente a disagio. «In seguito le spiegherò le ragioni. Per il momento sappia che se accetterà di farlo mi sarà di grande aiuto e io non lo dimenticherò. Inoltre, eviterà che un innocente rischi di venire ingiustamente accusato di un reato che non ha commesso. No, non si allarmi» soggiunse vedendo il volto della Bottarelli sbiancarsi improvvisamente. «Probabilmente non verranno nemmeno a chiederglielo, ma nel caso succedesse, ho bisogno di poter contare su di lei.»

La Bottarelli rimase in silenzio per alcuni secondi, poi fece un respiro profondo.

«Spero che non le sia successo nulla di grave» disse preoccupata.

Cazzaniga scosse la testa. «Si tratta di un semplice equivoco» disse, «non c'è niente di pericoloso né di compromettente.»

«E se poi scoprissero che ho detto il falso?»

«Non lo scopriranno mai, per la semplice ragione che non possono» disse con sicurezza lui.

Non del tutto convinta, ma anzi piena di perplessità e di paure, la Bottarelli tuttavia accettò.

UNDICI

Rassicurato dal piano elaborato, poco prima delle quattro Cazzaniga entrava nel portone della Questura di via Fatebenefratelli, chiedendo al piantone dove si trovasse l'ufficio del commissario Di Puma.

L'attesa, al terzo piano, durò appena cinque minuti. La porta si aprì e ne uscì un omone sui cinquant'anni, alto e ben piazzato, col fisico un po' appesantito ma ancora atletico di chi in gioventù ha fatto dello sport.

«Il signor Cazzaniga?» proferì dandogli un'occhiata indagatrice.

Costui assentì con la testa.

«Sono il commissario Di Puma. Venga, si accomodi» si presentò dandogli la mano e guidandolo all'interno dell'ufficio.

«Mi deve scusare se l'ho fatta venire così di premura» continuò indicandogli la poltroncina dinanzi alla sua scrivania, dietro alla quale anch'egli si sedette. «Il fatto è che vorremmo dare al più presto un volto e un nome all'assassino della Calegno Bolgetta, e per farlo ci occorre la collaborazione di tutti coloro che per un motivo o per l'altro hanno conosciuto la vittima, e che magari, senza nemmeno saperlo, si trovano in possesso di un indizio, anche minimo, in grado di metterci sulla giusta pista.»

Un simile approccio, enunciato dal commissario in tono così aperto e cordiale, non poté che sortire nell'animo di Cazzaniga un effetto molto positivo, liberandolo in parte dell'ansia di cui era stato preda fin dal mattino.

«Per quanto mi è possibile, sono pronto a collaborare» affermò con ostentata tranquillità.

«Bene» disse il commissario portando in avanti il busto e incrociando le mani sul piano della scrivania. «Sarò franco con lei. Durante la perquisizione nella casa della Casalegno abbiamo trovato, tra le pagine di un libro, un biglietto da visita sul quale c'era scritto il suo nome, il numero di telefono e la banca in cui lavora. A questo punto ci siamo chiesti cosa ci facesse quel foglietto dentro le pagine di un libro, quasi a volerlo in qualche modo nascondere, e che relazione potesse avere con la vittima, e naturalmente siamo giunti alla conclusione che nessuno, meglio dell'intestatario, avrebbe potuto rispondere a queste domande.»

In quel momento sulla porta dell'ufficio si affacciò l'agente Lo Forte, che Cazzaniga subito riconobbe.

«Mi scusi, commissario, può venire un momento?» disse ammiccando con lo sguardo verso il corridoio.

Il commissario si scusò, si alzò e uscì dall'ufficio, lasciando la porta semiaperta, attraverso il cui spiraglio l'uomo poté vedere i due confabulare sottovoce, o più esattamente l'agente Lo Forte parlare all'orecchio del commissario e nel contempo lanciare eloquenti occhiate nella sua direzione.

Sentendosi in qualche modo l'oggetto principale di quella conversazione, Cazzaniga cominciò a innervosirsi, ad allarmarsi, avvertendo l'immediato bisogno di ripassare i fatti che si apprestava a esporre per non correre il rischio di confondersi.

Tornato a sedersi dietro la scrivania, il commissario si mise in bocca un mezzo toscano spento e disse: «Dunque, cosa stavamo dicendo? Ah sì, le stavo chiedendo dove ha conosciuto la vittima, la Casalegno».

«Vede, commissario» cominciò il Cazzaniga con calma, cercando di apparire il più naturale possibile. «Nella banca in cui lavoro la principale attività che svolgo è quella di consulente finanziario. In altre parole, consiglio ai nostri clienti il modo migliore di investire il proprio denaro. Fu appunto per questo che la signora mi telefonò.»

«Era una cliente della vostra banca?»

«No, concretamente non lo era. Tuttavia forniamo anche a chi non è nostro cliente questo tipo di consulenza, nella speranza che in seguito magari lo diventi.»

«Capisco. Ma come mai si rivolse proprio alla vostra banca e proprio a lei personalmente?»

«Questo non glielo saprei dire. Forse il fatto che la nostra è una banca di antico nome e indiscussa serietà ne avrà condizionato la scelta. Probabilmente fu semplicemente un caso che passarono la telefonata proprio a me e non a qualche altro mio collega.»

Il commissario scosse la testa affermativamente.

«Va bene, vada avanti.»

«Mi telefonò, come ho detto. E io le suggerii di fissare un appuntamento in filiale. Ma lei disse che si trattava di cosa molto urgente, di decisioni da prendere immediatamente, e che quindi aveva bisogno assolutamente di parlarmi. Mi chiese se potessi andare da lei quel pomeriggio stesso.»

«È prassi normale che lei si rechi a casa del cliente per svolgere il suo lavoro di consulenza?»

«No, non lo è» ammise il Cazzaniga. «Accade di rado e solo per i clienti importanti.»

«Ciononostante ci andò.»

«Be', diciamo che fu molto persuasiva. Inoltre, poteva diventare una mia cliente personale. Lei capisce, signor commissario, il cognome Bolgetta... Qualche guadagno extra può far comodo a chiunque. Mi diede appuntamento per le cinque di quello stesso pomeriggio in via Dandolo n°7, dove puntualmente mi presentai. Era una bella donna, non mancai di notarlo. Mi fece vedere alcune obbligazioni di una vecchia società svizzera, ereditate dal padre, disse, e rimaste dimenticate in un cassetto per parecchi anni. Voleva sapere al più presto se fossero ancora valide e che guadagno ne avrebbe ricavato vendendole. Restai da lei una mezz'ora circa, poi me ne andai con l'accordo che l'indomani l'avrei chiamata per farle sapere. Cosa che feci il mattino seguente. Le dissi che, se intendeva venderle, doveva comunicarmelo con un certo anticipo, perché trattandosi di titoli stranieri occorreva del tempo per le pratiche necessarie. Mi disse che ci avrebbe pensato. Da allora non l'ho più vista né sentita.»

Il commissario restò in silenzio alcuni secondi, soppesando la dichiarazione del Cazzaniga, come per esaminarla e valutarla. Poi disse: «Si ricorda il giorno preciso dell'appuntamento?».

Il Cazzaniga corrugò la fronte come per concentrarsi.

«Mi pare fossero i primi giorni di luglio. Posso controllare sulla mia agenda.»

Il commissario si grattò la nuca e si alzò, imitato da Cazzaniga.

«Bene» disse. «Mi sembra che per il momento non ci sia altro da dire. Le resta solo da firmare il verbale, dopodiché sarà libero di andarsene. Ah, un'ultima cosa. Ricorda dove si trovava mercoledì 15 luglio, diciamo... dalle 16.00 alle 18.00?»

«Nel mio ufficio» affermò lui.

«È controllabile?»

«La mia segretaria lo potrà senz'altro confermare.»

«Bene. Lei comprenderà» borbottò il commissario «in questi casi non possiamo trascurare nessuna ipotesi.»

«Capisco benissimo» disse Cazzaniga.

Fu proprio in quel momento, mentre il commissario lo stava congedando, che l'agente Lo Forte fece di nuovo capolino nell'ufficio. Il commissario di nuovo si scusò e di nuovo uscì nel corridoio, questa volta chiudendosi la porta alle spalle.

Rimasto solo nella stanza, tirò un profondo sospiro di sollievo. Gli sembrava di essere stato abbastanza convincente, tanto che il commissario lo stava congedando benevolmente, segno che non era sorto in lui alcun sospetto circa la storia che gli aveva raccontato. A quel punto, pensò, probabilmente non avrebbe nemmeno avuto bisogno di interrogare la Bottarelli. Meglio così. Non che non si fidasse di lei, intendiamoci, ma messa alle strette, magari con la minaccia di venire in qualche modo implicata nella faccenda, avrebbe potuto cedere e alla fine confessare che stava mentendo.

«Cosa c'è ancora?» domandò innervosito il commissario.

«Quel tale di cui le dicevo, asserisce che la settimana prima dell'omicidio la donna si è intrattenuta con un uomo, per oltre due ore, nella camera del suo albergo.»

«E sarebbe in grado di riconoscerlo?»

«Non gliel'ho chiesto.»

«E allora chiediamoglielo» sospirò il commissario afferrando Lo Forte per un braccio e dirigendosi con lui verso la stanza attigua.

«Buongiorno, sono il commissario Di Puma» si presentò. «L'agente Lo Forte mi stava riferendo che lei ha qualcosa da dirci in merito al delitto Casalegno Bolgetta.»

Dinanzi a lui c'era un omone alto un metro e ottanta abbondante, sulla quarantina, di corporatura massiccia, con i capelli tagliati a spazzola e il naso schiacciato, tipico di chi ha praticato del pugilato.

«È così, infatti» rispose l'uomo con una voce ridicolmente flebile per quell'omone che era.

«Avanti, allora, ci dica» lo esortò il commissario.

«Mi chiamo Andrea Tagliaferro. Sono il proprietario dell'hotel ristorante La Perla Blu, che si trova sulla vecchia Paullese.»

L'uomo appariva tremendamente a disagio, imbarazzato. Quando parlava s'interrompeva continuamente, come se faticasse a trovare e a formulare le parole giuste.

«Quando ho letto sul giornale che l'avevano uccisa, ci ho pensato sopra un bel po' prima di decidermi a venire» proseguì, facendo vagare gli occhi grigi e smarriti per la stanza. «Lei capirà, in fondo non sono fatti miei... Una donna come quella... Un delitto così atroce...»

«Va bene, va bene» lo interruppe il commissario. «Venga ai fatti, per favore.»

«Sì, certo. Quella donna, la vittima, di tanto in tanto prenotava una camera. Sempre la n°7 e sempre di pomeriggio. Di solito arrivava intorno alle due e una mezz'oretta più tardi arrivavano gli uomini.»

«Gli uomini?» domandò il commissario sorpreso. «Intende dire che s'intratteneva con più uomini contemporaneamente?»

«No, no, commissario. Forse non mi sono spiegato bene. L'uomo che di volta in volta saliva in camera era sempre uno solo, ma non era quasi mai lo stesso.»

«Se ho ben capito» intervenne l'agente Lo Forte «quella donna usava la camera d'albergo per i suoi incontri d'amore.»

«Proprio così.»

«E lei come fa a essere così sicuro che si trattasse di incontri d'amore?» domandò il commissario in tono ironico.

Tagliaferro fece un mezzo sorriso sarcastico.

«Be', ogni volta la donna mi raccomandava, un quarto d'ora dopo che l'uomo di turno era salito in camera, di portare una bottiglia di champagne, che il più delle volte non veniva neppure aperta. E poi il suo abbigliamento...»

Il commissario aggrottò la fronte. «Cosa c'entra il suo abbigliamento? Si spieghi meglio, per favore.»

«Ecco, lei arrivava vestita con abiti normali. Ma quando salivo in camera con lo champagne, indossava una specie di tunica rossa lunga fino ai piedi, tutta abbottonata sul davanti. Simile a quella che indossano i cardinali.»

Di Puma lanciò un'occhiata di traverso a Lo Forte.

«E dove trovava questa tunica, lì in albergo?»

«No. Se la portava appresso ogni volta dentro una borsa da viaggio.»

L'uomo lanciò di nuovo un'occhiata all'agente. Per alcuni momenti nella stanza regnò un silenzio spettrale. Poi il commissario domandò: «Da quanto tempo usava quella camera per i suoi incontri?».

«Da cinque o sei mesi.»

«Con uomini sempre diversi?»

«Sissignore. Non ho mai visto lo stesso uomo più di due o tre volte.»

«Lei sapeva chi era quella donna?»

«Sapevo quello che c'era scritto sui documenti.»

«Chi pagava la camera, la donna o i suoi amanti?»

«Sempre lei, e in contanti. Lo faceva al termine di ogni incontro. Scendeva dalla camera una decina di minuti prima dell'uomo di turno, mi faceva chiamare un taxi, pagava e se ne andava.»

Il commissario mugugnò, lisciandosi il mento irsuto. Poi guardò fisso negli occhi Tagliaferro e sbottò: «E lei, non ci è mai andato a letto con quella donna?».

«Assolutamente no!» esclamò l'omone.

«Però ci sarebbe andato volentieri, non è così?»

Il volto di Tagliaferro assunse un'espressione tra il sorpreso e l'offeso.

«Non mi sarei mai permesso...» si lamentò.

«E in un certo senso era geloso» continuò il commissario in tono accusatore. «Geloso di tutti quegli uomini che ne usavano il corpo, mentre a lei non era consentito. Geloso fino alla follia. Tanto che a un certo momento si è recato a casa della donna e l'ha uccisa!»

«Signor commissario» balbettò Tagliaferro col volto tremante di collera. «Mi sta accusando... Non posso negare che quella donna mi piacesse. Sarebbe piaciuta a chiunque. Ma non fino al punto di...»

«Va bene, va bene» tagliò corto Di Puma. «Per ora era solo un'ipotesi. A proposito, è in grado di dimostrare dove si trovava mercoledì 15 luglio nel pomeriggio?»

Tagliaferro non ci pensò sopra nemmeno un istante.

«Mercoledì è il mio giorno di riposo» rispose, riprendendosi lentamente. «Come tutti o quasi i mercoledì vado a trovare mia madre che si trova in una casa di riposo per anziani. Cosa che appunto feci mercoledì 15 luglio.»

«In quale casa di riposo si trova?»

«Al Pio Albergo Trivulzio.»

«Controlleremo» disse il commissario rivolgendo un'occhiata d'intesa a Lo Forte. Ma, nello stesso istante in cui lo diceva, gli venne all'improvviso un'idea, se vogliamo assurda, addirittura fantastica, eppure non del tutto priva di una sua possibilità remota.

«Quale fu l'ultimo giorno in cui la donna s'intrattenne nel suo albergo con l'uomo di turno?»

«Venerdì pomeriggio» rispose sicuro il Tagliaferro.

Il commissario scosse la testa meditabondo.

«E mi dica, sarebbe in grado di riconoscere l'uomo che s'incontrò con la donna quel venerdì?»

«Certamente.»

«Venga con me allora.»

Il terzetto uscì dalla stanza, preceduto dal commissario Di Puma, il quale, percorsi pochi passi in corridoio, si fermò dinanzi alla porta attigua e rivolgendosi a Tagliaferro disse: «In questa stanza c'è un uomo, lei dovrà soltanto dirmi se è lui o non è lui. Ha capito bene?».

E mentre l'omone muoveva leggermente la testa in un cenno affermativo, medesimamente il commissario apriva di colpo la porta della stanza facendo sussultare Cazzaniga, che, come scosso da una scarica elettrica, di scatto ruotò sulla sedia dove si era di nuovo seduto, con lo sguardo stranito, che divenne di panico non appena identificò la faccia di Tagliaferro.

«È lui?» domandò il commissario in tono esageratamente melodrammatico.

«Sì, è lui» sentenziò con solennità l'uomo.

«Sicché, mi ha raccontato un bel mucchio di bugie» disse il commissario Di Puma, tornando a sedersi dietro la sua scrivania dopo aver congedato Tagliaferro. «Non crede che a questo punto sia molto meglio per lei dirmi tutta la verità?»

«Già, la verità...» biascicò Cazzaniga riprendendo lentamente fiato e colore dopo il duro colpo appena subìto.

«Il fatto è, signor commissario, che la verità è a volte più difficile da digerire della menzogna.»

«Lasci giudicare al mio stomaco» commentò l'altro.

Cazzaniga, che in fondo non vedeva l'ora di togliersi quel peso ingombrante che gli gravava sulla coscienza ormai da troppo tempo, iniziò a raccontare per filo e per segno tutta quanta la storia, cominciando dalla prima volta in cui vide la donna sul treno, fino al momento in cui s'incontrò con lei alla Perla Blu. Senza tralasciare nulla, salvo l'ultimo appuntamento nell'appartamento di via Dandolo, dal quale, in preda al terrore, era fuggito dopo averne scoperto il cadavere. Lo aveva taciuto, confortato dal piano elaborato con la Bottarelli e dal fatto che nessuno lo aveva visto entrare, e sicuro, inoltre, di non aver lasciato alcuna traccia del suo passaggio.

«Non c'entro niente, signor commissario» terminò alla fine in tono accorato. «La mia sola colpa è quella di aver ceduto dinanzi all'offrirsi di una donna di superba bellezza, in circostanze che mai mi sarei nemmeno immaginato.»

Il commissario non disse nulla. Sembrava assorto in pensieri remoti e di nessuna attinenza con i fatti appena ascoltati, tanto il suo sguardo appariva assente e come velato da una specie di torpore intellettuale. Ma a un tratto parve riscuotersi, scosse la testa e disse: «Ammesso che la sua storia sia vera, come si spiega la presenza di una donna simile, su un treno di pendolari, alle sette del mattino?».

«Anch'io me lo sono chiesto, ma non sono riuscito a trovare una spiegazione.»

«Chiariremo anche questo, non dubiti. Quanto a lei» continuò il commissario in tono benevolo «si è andato a cacciare proprio in un brutto guaio.»

Cazzaniga scosse la testa senza parlare.

«Non le nascondo che, al punto in cui siamo, ci sarebbe

materia sufficiente per sospettarla di omicidio volontario nei confronti della Casalegno Bolgetta. Lei è una delle ultime persone che ha frequentato la vittima. Controlleremo l'alibi che ci ha fornito, ma se dovesse risultare falso, o anche soltanto traballante, basterebbe un niente per inchiodarla come Cristo in croce.»

DODICI

Uscito dalla Questura intorno alle sette di sera, con l'obbligo di tenersi a disposizione della giustizia per ulteriori accertamenti e indagini, Cazzaniga s'incamminò lungo via Fatebenefratelli in direzione del centro, cercando di fare il punto della situazione alla luce degli ultimi avvenimenti, i quali agli occhi di chiunque sarebbero apparsi a dir poco preoccupanti, tranne per quelli dell'uomo, che vuoi per il fatto di essersi in parte liberato da quel terribile peso dinanzi alle autorità, vuoi perché gli era parso di aver trovato nel commissario Di Puma se non proprio un alleato perlomeno una persona comprensiva, gli si manifestavano invece rassicuranti e in qualche modo immuni da future e drammatiche complicazioni.

Per cui, allontanato momentaneamente il pensiero che più d'ogni altro aveva tenuto occupata la sua mente nelle ultime ore, passò a esaminare, per la prima volta da quando l'aveva scoperto, il tradimento di sua moglie Carla.

Da quella sera avevano praticamente vissuto senza più parlarsi, incapaci e timorosi di affrontare apertamente la questione, vivendo nella stessa casa come due estranei, cercando di comportarsi in modo normale in presenza dei figli, ma subito ritraendosi in loro stessi non appena questi ultimi non erano presenti. Una situazione insostenibile, umiliante, e da parte sua anche ipocrita. Come poteva, infatti, legittimamente condannare sua moglie di tradimento, quando lui stesso, proprio in quei giorni, se non addirittura nelle medesime ore, consumava nei suoi confronti lo stesso vile inganno?

Quello che più lo faceva infuriare, e al tempo stesso lo umiliava, consisteva nel fatto che lo avesse tradito con un vicino di casa, come nel più stupido e banale degli adulteri. Un tipo oltretutto insipido e, a parer suo, un bellimbusto senza un minimo di fascino. Come aveva potuto farlo, si domandò. D'accordo, negli ultimi tempi l'aveva sessualmente trascurata, privilegiando il lavoro... benché, in fondo, sapesse che non era quello il vero motivo della sua indifferenza. La realtà era che, dopo anni di matrimonio, il desiderio sessuale per sua moglie era andato via via scemando, fino quasi a esaurirsi completamente; non perché non l'amasse più, ma semplicemente perché la routine l'aveva in qualche modo consumato, svuotato. È un fatto naturale, si disse, che immagino capiti al novanta per cento dei matrimoni che durano molti anni, e lui non si era mai sentito in qualche modo colpevole o inadempiente per questo, anche perché non aveva mai pensato a sua moglie come a una donna che avesse bisogno di fare sesso frequentemente. A dire la verità l'aveva sempre considerata una donna poco incline all'amplesso, non fredda o addirittura frigida, intendiamoci, ma sicuramente priva di fantasia, iniziativa e partecipazione, qualità indispensabili per mantenere vivo un rapporto di coppia. Evidentemente si era sbagliato, anche se rammentava di quante volte era successo, in passato, che lui abbandonasse la partita dopo averla accarezzata per molti minuti nei punti più intimi senza che lei, fingendo un sonno profondo, manifestasse la benché minima reazione.

Tutto preso da questi pensieri arrivò, senza rendersene nemmeno conto, alla stazione Cadorna. L'orologio segnava le otto. Il prossimo treno per Saronno sarebbe partito cinque minuti dopo. Ma lui non aveva nessuna voglia di tornare a casa. Mangiò qualcosa al self-service, dopodiché tornò sui suoi passi, s'infilò al bar Magenta e ordinò, cosa che non faceva da tempo immemore, un doppio whisky, lasciandosi cullare da un'alternanza di pensieri che vorticavano nella sua mente senza un indirizzo preciso.

Alle dieci passate, quando uscì dal bar, aveva preso una decisione: quella sera stessa avrebbe parlato francamente con sua moglie, confidandole tutto quanto, senza tralasciare nulla, nemmeno i sospetti di omicidio che su di lui gravavano.

Arrivato a Saronno scese dal treno con una improvvisa urgenza di arrivare a casa. Era impaziente di parlare con Carla. Ma, uscito dalla stazione e incamminatosi lungo il viale appena illuminato dai lampioni nascosti tra le fronde degli alberi, un'ombra scura gli si affiancò rapida.

«È lei il signor Cazzaniga?» gli domandò un tizio con una voce limpida e gentile.

Egli sussultò, scrutando nel buio il volto dello sconosciuto che gli stava di fianco, istintivamente ritraendosi. Il primo pensiero che lo assalì fu che si trattasse di un poliziotto venuto ad arrestarlo alla luce di nuove e recenti prove, anzi recentissime, visto che dalla Questura se n'era andato appena qualche ora prima.

«Sì, sono io» rispose titubante.

L'uomo fece un cenno con la mano verso un'auto che sostava in attesa, pochi metri dietro di loro.

«Devo chiederle la cortesia di seguirmi.»

«E dove, se è lecito?» domandò Cazzaniga restando piantato sul marciapiede come un palo di cemento.

«Qualcuno desidera parlare con lei.»

«Il commissario Di Puma?»

«No» rispose l'uomo impassibile.

Ernesto lo scrutò meglio. Solo allora si accorse che si trattava di un uomo sui quarant'anni, di una magrezza impressionante e col viso dai tratti esotici.

«E chi, allora?»

«Si tratta di una persona molto vicina alla compianta signora Rossana Casalegno.»

La prima reazione di Cazzaniga fu di mandarlo al diavolo. Poi, all'improvviso, ebbe come un'intuizione: e se si fosse trattato del marito? Nel qual caso, pensò, che motivo poteva avere di parlare con lui? E lui per quale motivo avrebbe dovuto aderire a questo strano invito?

«Mi dispiace ma sono già in ritardo e non mi sembra il caso di...»

«Mi perdoni ma sono costretto a insistere. Il dottor Bolgetta desidera semplicemente scambiare due chiacchiere con lei. La considererebbe una pura cortesia.»

Dunque si trattava proprio del marito, pensò Cazzaniga. E a un tratto decise che forse quell'incontro poteva rivelargli aspetti della faccenda che ancora non conosceva e che forse avrebbero potuto aiutarlo a rafforzare la sua innocenza.

Una mezz'oretta più tardi, la grossa Lancia degli anni Sessanta tirata a lucido oltrepassava un cancello con apertura automatica e, superato il parco che la celava, andava a fermarsi davanti a un'antica villa signorile nelle vicinanze di Origgio.

Cazzaniga venne fatto accomodare, attraverso un ampio vestibolo, in una grande stanza le cui pareti erano completamente ricoperte di libri. Nella parete in fondo, incastonato tra gli scaffali, spiccava la bocca di un enorme camino dentro al quale ardevano, nonostante la stagione estiva, massicci ceppi di legna stagionata. L'uomo si guardò intorno curioso e tuttavia con la mente altrove, a cercare di capire per quali motivi Bolgetta lo avesse convocato, o a dir meglio requisito, a quell'ora e in quel modo, motivi che dovevano essere certamente gravi e importanti.

La sua attesa non durò a lungo. Dopo qualche minuto la porta si aprì e nella stanza entrò un anziano signore quasi calvo di media statura, leggermente curvo e con la pelle del viso vizza e pendula. Un naso grosso e carnoso ombreggiava un paio di baffetti grigi e accuratamente tagliati. Avanzò con un'andatura incerta e tremolante e quando si trovò faccia a faccia con Cazzaniga si presentò.

«Sono Ermenegildo Bolgetta» proferì guardandolo con fermezza negli occhi, che erano azzurri tendenti al grigio.

L'espressione di meraviglia mista a timore che Cazzaniga non riuscì a trattenere fece sorridere Bolgetta, che sedendosi sulla poltrona dinanzi al camino, e facendo cenno all'opsite di fare altrettanto, continuò: «Capisco il suo stupore, ma non si allarmi, il mio vuole essere, diciamo così, un incontro in qualche modo chiarificatore... Per il resto, saranno le indagini che gli inquirenti stanno svolgendo a indicare il colpevole».

«Un momento» si affrettò a mettere in chiaro Cazzaniga, «lei sa chi sono io?»

«Certo che lo so» affermò con calma Bolgetta. «L'assassino di mia moglie.»

Sorpreso da quell'affermazione, Ernesto restò per un attimo spiazzato, ma subito si riprese.

«Eh no, caro signore!» sbottò. «Non sono io l'assassino di sua moglie!»

«Tuttavia, a quanto pare, lei è stata l'ultima persona con la quale mia moglie si è intrattenuta nell'appartamento di via Dandolo.»

«Non posso negare di essermi recato in via Dandolo quel pomeriggio, ma quando sono entrato nell'appartamento sua moglie era già...»

«Morta?»

«Proprio così, morta.»

Bolgetta scosse energicamente la testa, facendo tremolare la pelle cascante delle guance.

«Non c'è alcun bisogno che lei si giustifichi con me. Che lei sia o meno l'assassino di mia moglie, non è questo ciò che adesso m'importa. Come avrà certamente notato, tra me e mia moglie esiste una notevole differenza di età. Inoltre, il mio stato di salute...»

S'interruppe, restando per alcuni secondi a fissare la fiamma vivida che saliva guizzante nel camino, come assorto in lontani ricordi.

«Mia moglie era una donna malata» continuò in tono sommesso e malinconico. «Una di quelle donne che comunemente e spesso superficialmente vengono definite ninfomani... Il sesso era per lei una specie di droga a cui non poteva e non voleva rinunciare. Bastava che notasse in un uomo qualcosa che la colpiva e subito si scatenava dentro di lei il desiderio di averlo, di possederlo e di farsi possedere. E pur di raggiungere il suo scopo era disposta a superare qualsiasi ostacolo. A escogitare il piano più assurdo. A umiliarsi, perfino.»

Smise di parlare e abbassò il mento sul petto, come assalito da una improvvisa e profonda stanchezza.

«La mia età, le mie condizioni fisiche» continuò dopo un po' «non mi avrebbero mai permesso di soddisfare le sue esigenze. D'altra parte, anche se fossi stato di vent'anni più giovane, non ne sarei stato in grado ugualmente, perché in lei il desiderio era praticamente inesauribile. Aveva bisogno continuamente di nuove emozioni, di nuove sensazioni, per sentirsi viva e felice. Non fraintenda, non sto affatto lamentandomi. Quando l'ho sposata, sapevo benissimo a cosa andavo incontro. Lei usciva da un matrimonio il cui fallimento era stato determinato proprio da quella sua, diciamo così, *malattia*. Tanto che per convincerla a sposarsi di nuovo dovetti accettare le sue imposizioni, scendere a patti con lei, i quali appunto prevedevano la sua piena e irrinunciabile libertà. A me sarebbe bastato averla nella stessa casa, vedermela girare intorno, poter ammirare la perfezione del suo corpo nudo quando faceva il bagno, al quale mi era concesso di assistere e di intervenire personalmente per lavarle la schiena e le natiche, e poi per asciugarle il corpo, senza strofinare, ma solo premendo dolcemente la spugna sulla pelle bagnata e morbida. Sulla quale subito dopo, con febbrile emozione, stendevo una crema balsamica per mantenerla il più a lungo possibile giovane ed elastica. Ero io stesso a vestirla, a prepararla quando doveva recarsi a uno dei suoi incontri di folle passione. Era per me un piacere sublime adornare di pura seta le sue carni, celare la perfezione delle sue forme dietro il leggero tessuto. E ancor più sublime era l'immaginarmi che quegli indumenti sarebbero stati strappati da mani maschili estranee e bramose. Quelle carni brancicate, tastate, succhiate, finché l'uomo non sarebbe caduto sfiancato ai piedi della mia dea. Perché era lei che vinceva. Ogni volta. Da questo traevo godimento nel mio vivere con lei. Il che non era per niente facile, glielo assicuro. E tuttavia per un vecchio come me, nelle mie condizioni, era quanto di meglio si potesse desiderare. E adesso lei non c'è più...»

Il suo tono di voce improvvisamente cambiò, divenne duro e carico di odio.

«Qualcuno, qualche scarafaggio immondo sortito da quella fogna umana da cui siamo ormai completamente circondati, ha osato togliere la vita da quel corpo che la vita medesima aveva eletto a massima e insuperabile rappresentazione di se stessa. Quindi, lei comprenderà, non posso restare inerme dinanzi a un delitto così terribile, efferato, che ha privato non soltanto me stesso, ma l'intera umanità, di una creatura la cui bellezza rasentava la perfezione onirica. Come anche lei, del resto, ha avuto ampiamente modo di constatare...»

A quel punto Bolgetta s'interruppe. Sembrava che l'aver parlato così a lungo l'avesse a dir poco stremato, tanto il suo volto si era fatto terreo e la sua voce, a mano a mano che avanzava nel parlare, sempre più fievole e rauca.

Ma subito parve riprendersi. Raddrizzò il busto e alzò la testa guardando negli occhi Cazzaniga, il quale, nel frattempo, si stava a ragione domandando quale fosse lo scopo di quelle confidenze e della sua presenza in quella casa, dentro alla quale si era subito sentito a disagio, provando una sensazione di indecifrabile inquietudine.

«Si starà certamente domandando perché l'ho fatta venire qui e perché le ho raccontato fatti della vita privata mia e di mia moglie» continuò l'avvocato sforzandosi di sorridere. «Lei è stato l'ultimo a insozzare e a infangare il corpo della mia cara Rossana e lei pagherà per tutti. Anche per quelli che l'hanno preceduta.»

Così dicendo sfilò con sorprendente destrezza un grosso e vecchio revolver a tamburo dalla tasca interna della giacca e glielo puntò contro con fermezza.

«Adesso la ucciderò» sibilò Bolgetta con gli occhi opachi dall'ira. «Mi dispiace ma non posso fare diversamente. È l'ultimo doveroso atto d'amore che sono costretto a fare in nome della mia Rossana.»

«Lei è pazzo!» esclamò Cazzaniga alzandosi in piedi di scatto.

«Oh no, non sono pazzo. Sono solo un marito che vuole vendicare l'assassinio della propria moglie.»

«Io non c'entro niente con la morte di sua moglie, come glielo devo dire?»

Bolgetta scosse la testa lentamente. Sembrava in preda a una specie di trasfigurazione onirica.

«Lei non ha ancora capito. Lei per me rappresenta l'immagine tangibile del male che l'ha uccisa! Finalmente ho qui, davanti a me, la personificazione del luridume umano che l'ha infettata, contaminata! Quindi non ha alcuna importanza che a ucciderla sia stato lei o qualcun altro, ciò che conta è che lei ha senz'altro contribuito a distruggerla.»

Benché impietrito dal terrore, Cazzaniga comprese che a nulla sarebbe servito cercare di far ragionare quel vecchio impazzito dal dolore. Nel frattempo, fissava la canna tremolante della pistola a pochi metri dal proprio corpo, cercando disperatamente una via d'uscita.

«Se lei adesso mi uccide, non riuscirà a farla franca» tentò senza convinzione. «L'arresteranno e passerà il resto dei suoi giorni in galera.»

Il vecchio piegò le labbra bavose in una specie di sorriso diabolico. La pelle del suo volto era diventata livida, esangue, e gli occhi spalancati e quasi trasparenti.

«Il mio domestico sotterrerà il suo corpo qui fuori, in giardino. A chi vuole che venga mai in mente di cercarla qui? Nessuno sa che lei è venuto. Addio, mio caro signore.»

Ernesto vide, come ingigantito, l'indice ossuto del Bolgetta che lentamente si contraeva per premere il grilletto e in quel preciso momento si rese conto che tra pochi istanti sarebbe morto. Il suo corpo si sarebbe accasciato sul tappeto persiano che aveva sotto i piedi in una pozza di sangue scuro. L'immagine lo riempì di terrore e al tempo stesso di incredulità: non era possibile, pensava, morire in quel modo! Era assurdo, insensato, e ciononostante il primo pensiero che subito dopo lo colse fu la stupefacente constatazione della facilità con la quale si poteva perdere la vita, senza avere neppure il tempo di riflettere, di tirare le somme della propria esistenza.

E tuttavia la buona sorte, o forse più semplicemente il revolver vecchio e arrugginito, probabile residuo di una guerra lontana, salvarono la vita a Cazzaniga. Il quale, visto l'incepparsi dell'arma e le difficoltà nelle quali Bolgetta si dibatteva nel tentativo di porre rimedio all'inghippo, riuscì finalmente a scuotersi e a dirigersi a lunghi passi verso la porta della stanza col fermo proposito di raggiungere il più in fretta possibile l'esterno della casa.

D'un balzo superò il vestibolo, raggiungendo il pesante uscio dell'ingresso, proprio nel momento in cui uno sparo echeggiò nel silenzio della casa come un boato; segno indubitabile che Bolgetta era riuscito a far funzionare il revolver, col quale certamente lo avrebbe inseguito per portare a termine il suo disegno mortale. Buon per lui che grazie al morbo di Parkinson l'uomo si muovesse con lentezza e senza l'agilità che la situazione avrebbe richiesto. A questo pensava Ernesto, mentre, armeggiando intorno alla porta di legno massiccio, s'accorse con terrore che era chiusa a chiave.

A quel punto comparve, sortendo dal buio come un fantasma, il domestico dell'avvocato. Il quale, probabilmente strappato dalle proprie meditazioni dallo sparo, o forse più verosimilmente già al corrente del piano omicida del suo padrone, gli si avvicinò e senza alcuna espressione di allarmismo nella voce, ma anzi col tono tranquillo di chi è abituato a sentir echeggiare spari nella casa, gli disse: «Sarà meglio che lei se ne vada, signore» facendo al tempo stesso magicamente comparire la chiave della porta e inserendola nella toppa per aprirla.

In quel momento un secondo sparo risuonò all'interno della casa facendo sussultare Cazzaniga, che farfugliando un confuso ringraziamento, girò i tacchi e scomparve nel buio della notte più veloce di un animale braccato.

TREDICI

Quando più tardi varcò la soglia di casa – dopo aver raggiunto la stazione di Origgio a piedi – cercando di non far rumore per non svegliare la moglie e i figli che immaginava addormentati nei loro letti, la mezzanotte era già suonata da un pezzo.

Si spogliò in bagno e quando fu in pigiama andò in cucina a bere un bicchiere d'acqua. Quella sera non aveva nemmeno cenato, ma i morsi che gli accartocciavano lo stomaco non erano procurati dalla fame, bensì dalla paura che ancora lo scuoteva dopo lo scampato pericolo nella casa del vecchio Bolgetta.

Mentre pensava al pericolo corso, analizzandolo in tutti i suoi incredibili aspetti, e dandosi dell'idiota per essersi lasciato ingenuamente intrappolare in una rete che poteva risultargli fatale, lentamente la paura si tramutò in rabbia.

Risciacquando il bicchiere valutò se riferire o meno al commissario Di Puma ciò che Bolgetta gli aveva detto, non nascondendo il fatto che aveva tentato di ucciderlo. Ma mentre spegneva la luce della cucina e saliva le scale verso la camera da letto, gli venne un dubbio: quella rivelazione gli sarebbe tornata davvero utile, o invece avrebbe potuto in qualche modo nuocergli? Di certo lo avrebbe posto, agli occhi degli inquirenti, in una posizione di coinvolgimento e implicazioni tali, da far insorgere in loro maggiori e più attenti sospetti.

Entrò nella stanza senza accendere la luce e, orizzontandosi al debole chiarore notturno che filtrava tra le persiane, s'infilò sotto le coperte, limitando al massimo i movimenti.

Tuttavia. l'urgenza di parlare con sua moglie come si era prefisso lo spinse, nonostante l'ora tarda, ad allungare la mano in cerca del suo corpo, che doveva essere come al solito disteso al suo fianco, e che invece non trovò, o almeno così gli parve, perché nonostante spaziasse in lungo e in largo sotto le lenzuola non ne incontrò né il calore né la compattezza. Di scatto si mise a sedere sul letto e accese la luce: il posto accanto al suo era vuoto e sulla federa bianca era depositata una busta azzurra che egli lestamente afferrò. L'aprì, estrasse i fogli e riconobbe la calligrafia di Carla. In preda a una strana sensazione di vertigine, iniziò a leggere con bramosia.

Caro Ernesto,

dal momento che, a quanto pare, non riusciamo a superare l'ostacolo parlando con franchezza di ciò che ci sta capitando, ho deciso di scriverti questa lettera per tentare di spiegarti i sentimenti che in queste ultime settimane mi hanno scombussolato la vita e che mi hanno indotta a tradirti nel modo più vile e meschino che si possa immaginare. Lo so che adesso non serve a niente dirti la vergogna che ho provato e che ancora provo, e il pentimento che mi sta divorando l'anima come il fuoco dell'inferno, ma desidero ugualmente che tu sappia il perché sono giunta a tanto, in modo che tu possa trarre le conclusioni che riterrai più opportune. Non starò qui a spiegarti com'è potuto accadere che l'uomo che entrambi conosciamo abbia potuto profanare il mio corpo, nel nostro letto, poiché sentimentalmente è per me fino a tal punto insignificante, da non essere neppure degno di venir nominato. Quello che invece devi sapere è che se non fosse stato per colpa tua, quell'uomo nella mia vita non sarebbe mai entrato. Proprio così, Ernesto, sei tu la causa di questo mio cedimento. Ti sei mai soffermato a pensare a me in tutti questi anni, durante i quali la tua maggiore preoccupazione è stata quella di impegnarti nel lavoro e nella carriera? Ti sei mai domandato che parte avevo io in tutto questo? Ti sei mai chiesto quali erano i miei sentimenti, le mie gioie, i miei dolori, i miei pensieri, e perché no, anche le mie esigenze sessuali? Davi per scontata la mia presenza accanto a te, silenziosa e ubbidiente come una specie di serva, ignorandomi, o addirittura, talvolta, offendendomi.

Lo so che potresti rispondermi che lo facevi per me, per il futuro dei nostri figli. E questo poteva anche andarmi bene, come di fatto per anni è stato. Ma negli ultimi tempi ho capito che c'era qualcosa di più del lavoro e della carriera. Ho capito che il tuo amore per me era finito e che ormai non mi vedevi più come la tua donna, che amavi e desideravi, ma come un qualsiasi oggetto che faceva parte dell'arredamento: utile ma sostituibile. Dio solo sa quante umiliazioni ho dovuto subire nelle innumerevoli notti in cui cercavo il tuo amore e non lo trovavo. I miei miseri tentativi sentimentali, subito interrotti da un tuo gesto brusco o da una risposta secca e raggelante.

Dio solo sa con quanta pazienza e rassegnazione ho atteso e sperato che tu tornassi a essere l'uomo dolce che avevo sposato e che avevo amato, e che nonostante tutto ancora amo. E avrei accettato di aspettare chissà per quanti anni ancora, se a un certo punto non mi fossi accorta, o meglio non avessi intuito, che nella tua vita era entrata un'altra donna. Fu un colpo terribile per me. Era una cosa che non potevo accettare. Tanto che in un primo momento rifiutai con tutta me stessa di crederlo. In fondo, si trattava solo di una sensazione, e benché una donna difficilmente si sbagli su queste cose, volli esserne certa al cento per cento. Forse sbagliai, forse avrei fatto meglio a parlartene. Ma tu eri così distante da me, così incredibilmente estraneo, che il coraggio mi mancò. E così feci quello di cui ancora adesso mi vergogno e di cui ti chiedo scusa. Mi rivolsi a una di quelle agenzie investigative, la quale, come supponevo, nel giro di pochi giorni mi fornì le prove indubitabili del tuo tradimento.

Fu questa scoperta, immagino, a far subentrare in me un sentimento di vuoto e di fallimento totale, che inevitabilmente mi portò ad accettare le attenzioni di Roberto. Non lo feci per vendetta e nemmeno per un bisogno irresistibile di sesso. È difficile da spiegare... Di fronte a lui mi sono sentita come una bambina indifesa, una bambina che intorno a sé non aveva più nessuno su cui contare, nessun riferimento sentimentale valido su cui poggiare il proprio futuro.

Ma ormai è inutile stare qui a parlarne. Quello che è successo è successo e niente e nessuno potrà mai cancellarlo. Sappi comunque che con Roberto iniziò e finì tutto quella sera stessa.

È molto triste constatare che, dopo venticinque anni, il nostro matrimonio si sta frantumando come se tutto quel tempo trascorso insieme non contasse più niente, o peggio, non fosse mai esistito. E benché sappia che queste cose accadono di frequente, mai avrei immaginato che un giorno sarebbe capitato anche a noi. Si vede che in fondo non siamo poi tanto diversi dagli altri.

I ragazzi sono partiti questa mattina per Meina, ospitati dai Mentasti, e conto di raggiungerli dopo una pausa di riflessione in un luogo che non ti riferirò.

Non ho detto loro quello che sta succedendo, ma ormai sono grandi e credo che abbiano capito fin troppo bene che noi due stiamo attraversando un periodo difficile. Lo so che non è necessario ricordarti che saranno proprio loro a subire gli effetti negativi di una nostra separazione, e non voglio in alcun modo tenerti legato a me col ricatto dei ragazzi. Ma, insomma, occorrerà pensarci. Io tornerò prima di loro e forse allora avremo il coraggio di parlare e di decidere il nostro futuro.

Tua,
Carla.

QUATTORDICI

Sulla targa di ottone lucida e rettangolare, avvitata di lato al portone di una casa d'epoca che si affacciava su corso Sempione, spiccava nitida, in stampatello nero, la seguente scritta:

INVESTIGAZIONI LINCE - II PIANO

Il titolare, tale Walter Cavasotto, un omone di cento chili sui sessant'anni, sempre sudaticcio e col fiato corto, che da oltre vent'anni aveva abbandonato la benemerita Arma dei carabinieri e fondato l'agenzia investigativa, anticipando con arguta preveggenza molti suoi colleghi, che di lì a pochi anni avrebbero seguito il suo esempio, si vantava di poter offrire ai suoi clienti l'organizzazione migliore della città, in grado di risolvere qualsiasi mistero e di svolgere le più accurate indagini: dallo spionaggio industriale a quelle, meno clamorose ma non per questo meno importanti, pre- e post matrimoniali.

A conferma del compiacimento con la quale esaltava la sua organizzazione, esistevano le attrezzature sofisticate di cui disponeva, alcune delle quali, come egli stesso asseriva, provenienti addirittura dai laboratori segreti della Cia, al cui interno, sempre a suo dire, poteva contare su alcuni agenti fidati, conosciuti in occasione della sua collaborazione alla cattura di un terrorista internazionale di passaggio a Milano.

Con pari se non maggiore utilità reciproca, si teneva in contatto con alcuni esponenti della polizia di Stato cittadina, tra i quali appunto il commissario Di Puma, al quale, quando seppe che stava conducendo le indagini del delitto Casalegno Bolgetta, telefonò per fissare un appuntamento in Questura.

«Ecco qui il nostro famoso detective!» lo apostrofò il commissario con una punta di sarcasmo, vedendolo entrare nel proprio ufficio sbuffando.

«Lasci stare i complimenti, per favore» disse di rimando Cavasotto, sprofondando sulla sedia davanti alla scrivania dell'uomo.

«Qual buon vento la porta nei nostri uffici?» domandò il commissario infilandosi tra le labbra il mezzo toscano.

Conosceva Cavasotto da parecchi anni ed era ormai abituato alle sue battute sarcastiche. Anni prima lo aveva aiutato a risolvere il caso di omicidio di una studentessa diciannovenne avvenuto nei bagni dell'università Cattolica, uccisa il 13 di agosto con venti coltellate. All'inizio furono indagati un paio di muratori che stavano ristrutturando una zona dei suddetti bagni, ma in seguito, grazie appunto alle indagini svolte dall'uomo per incarico dei genitori della vittima, venne scoperto il vero assassino: un compagno di corso della ragazza, che più volte ella aveva respinto senza riuscire a frenare le sue insistenze. Un classico caso di stalking finito in tragedia.

«Ho saputo che si sta occupando del delitto Casalegno» disse Cavasotto spostandosi rumorosamente sulla poltroncina.

«Infatti.»

«A che punto sono le indagini?»

Il commissario alzò le braccia verso il cielo in un gesto melodrammatico di scoraggiamento.

«Per il momento abbiamo qualche indiziato ma ancora niente di veramente concreto» rispose evasivo.

Il detective prelevò un fazzoletto dalla tasca dei pantaloni e si asciugò la fronte imperlata di sudore.

«Cristo santo!» sbottò «ma in questi uffici non ce l'avete l'aria condizionata?»

«Certo che ce l'abbiamo, ma non funziona» rispose serafico il commissario.

Cavasotto scosse la testa sconsolato. «Comunque, sul caso della Casalegno, forse posso esserle di aiuto. Non mi perdonerei mai di aver contribuito al licenziamento di un valido funzionario dello Stato.»

«Nel qual caso potrei mettermi anch'io a fare il poliziotto privato» ribatté l'altro sorridendo.

«Già, pare stia diventando di moda. Tra gli indiziati c'è un certo Ernesto Cazzaniga?»

Il commissario fece un cenno affermativo con la testa. «L'abbiamo già interrogato. Dice che quel mercoledì 15 luglio è rimasto in ufficio tutto il pomeriggio. Naturalmente è un alibi che andrà controllato.»

Cavasotto sbuffò, di nuovo si asciugò la fronte e spostò l'enorme sedere sulla poltroncina di skai producendo un rumore che avrebbe potuto coprirne un altro di più recondita provenienza e sentenziò: «Mente. Quel pomeriggio, esattamente alle cinque meno cinque, Cazzaniga entrava nella palazzina di via Dandolo n°7».

Il commissario Di Puma puntò i gomiti sulla scrivania e si sporse in avanti aggrottando la fronte.

«E lei come fa a saperlo?» domandò in tono brusco.

«Questa è la classica domanda idiota da poliziotto. Lo so perché mi trovavo lì.»

«Oh bella, e perché si trovava lì? Ci passava per caso, o è un segreto professionale?»

Cavasotto fece un gesto con la mano come per dire che non intendeva raccogliere il suo tono sarcastico e proseguì: «Deve sapere che la moglie di Cazzaniga, tormentata dal dubbio che suo marito la tradisse e desiderosa di appurarlo con certezza, venne da me e mi diede l'incarico di indagare in merito. Non mi ci volle molto per scoprire che l'uomo si incontrava segretamente con una donna. Che poi risultò essere appunto la Casalegno Bolgetta».

«Senti, senti» brontolò il commissario cercando di collocare la nuova informazione nella giusta meccanica degli eventi.

«Ma le sorprese non finiscono qui» continuò Cavasotto.

«Ah no?»

«No. Perché il caso o il destino, difficile stabilirlo, volle che pochi giorni dopo aver messo al corrente la moglie di Cazzaniga di quegli strani incontri, il dottor Bolgetta in persona mi telefonasse, dandomi lo stesso incarico. Naturalmente mi guardai bene dal dirgli che possedevo già, a riguardo, una documentazione completa, vale a dire una serie di fotografie che ritraevano gli incontri tra l'uomo e sua moglie, ivi compreso l'ultimo, purtroppo mancato, avvenuto in via Dandolo. Aspettai un paio di giorni e poi gliela portai.»

«Due piccioni con una fava» commentò il commissario.

«In che senso?»

«Nel senso che con un lavoro si è preso due onorari.»

«Be', queste sono le opportunità che offre il mestiere. D'altra parte noi professionisti siamo oberati da tante di quelle tasse e balzelli, che non sappiamo più...»

«Va bene, va bene» lo interruppe il commissario. «Ma torniamo in via Dandolo. Quanto tempo rimase in quella casa Cazzaniga?»

«Ricomparve dopo una decina di minuti. Oltre la brevità della visita, quello che mi sorprese fu la velocità con cui uscì, allontanandosi in fretta come se avesse avuto il diavolo alle calcagna, senza neppure preoccuparsi di chiudere il portoncino. Sembrava sconvolto. Lasciai che scomparisse oltre l'angolo della via, dopodiché, incuriosito, mi avvicinai alla palazzina ed entrai, sospinto da una specie di premonizione, o forse più semplicemente da una deviazione professionale. Restai in ascolto nel vestibolo, ma tutto era silenzio. A quel punto ebbi la certezza che avrei scoperto quello che in camera dal letto, in effetti, scoprii: il cadavere della donna. Ciò che più mi stupì non fu il rinvenimento, perché come ho detto in un certo senso me l'aspettavo, ma la rivelazione che un individuo così regolare come Cazzaniga fosse stato capace di uccidere con tanta freddezza e crudeltà. Perché naturalmente fu quello il primo pensiero che mi colse. E tuttavia, subito dopo, mi sorsero nella mente alcune considerazioni. Un assassino non scappa dal luogo del delitto nel modo in cui era scappato lui, come in preda a una specie di panico. Inoltre, il tempo in cui era rimasto in quella casa era stato troppo breve per immaginarsi un delitto maturato dopo una discussione o un diniego, a meno che non fosse entrato con la precisa intenzione di uccidere senza dare alla vittima il tempo di parlare. Posso dire di avere una certa esperienza in fatto di cadaveri, e quando toccai il corpo di quella donna, constatai che era già troppo freddo per essere stata uccisa soltanto pochi minuti prima; anche se non aveva ancora raggiunto lo stato di *rigor mortis*, perché i muscoli non erano ancora del tutto rigidi, cosa che si verifica fra le tre e sei ore dopo il decesso. Ragion per cui è molto probabile che, quando Cazzaniga entrò in quella casa, la donna era già morta.»

Cavasotto smise di parlare e di nuovo si asciugò la fronte,

guardando il commissario, che nel frattempo era andato crucciandosi sempre di più in volto, assumendo un'espressione tra il guardingo e l'ostile.

«Insomma, lei viene qui a snocciolare una rivelazione che inchioda senza via di scampo uno dei principali indiziati e allo stesso tempo insinua il dubbio, o meglio, ipotizza con certezza la sua innocenza! Senza contare il fatto che ha messo piede sulla scena del delitto, magari compromettendo indizi importanti, e se n'è andato senza nemmeno avvisarci, visto che il cadavere è stato scoperto il mattino seguente dalla donna di servizio. Potrei incriminarla per questo» soggiunse in tono severo il commissario, accendendo il mezzo Garibaldi che nel frattempo si era spento.

«Già e magari accusarmi pure di omicidio» ribatté Cavasotto con lo stesso tono.

L'uomo ignorò la battuta e aspirò il toscano, soffiando una nuvola di fumo azzurro verso il soffitto.

«A proposito, non vide del sangue sulle lenzuola?»

«No. E perché avrei dovuto, capii subito che era stata strangolata.»

«Il fatto è» rivelò il commissario «che quando siamo arrivati noi il sangue c'era. Il medico legale ha confermato che le è stato reciso il clitoride.

Cavasotto fece una smorfia schifata. «Evidentemente l'ha asportato qualcuno arrivato dopo Cazzaniga» disse convinto. «Questo dimostra ancor di più la sua innocenza» proseguì.

«Immagino che lei non abbia visto nessun altro entrare in quella palazzina oltre al sospettato?»

«No. Devo dire, però, che io me ne andai subito dopo aver constatato che la donna era morta.»

«Già... Considerando che il cadavere è rimasto a disposizione su quel letto fino al mattino seguente, qualcuno può essere ritornato a tagliarle il clitoride... Magari per avere un ricordo personale.»

«Esatto. O magari per uno sfregio alla vittima.»

«Mah...» sospirò il commissario. «E adesso cosa dovrei fare secondo lei? Arrestare Cazzaniga per omicidio premeditato, come la sua testimonianza lo renderebbe immediatamente attuabile, oppure tenere nel dovuto conto i dubbi e le circostanze e continuare a cercare il vero assassino? In fondo Cazzaniga è comunque l'ultima persona che ha frequentato la vittima.»

«In questo ufficio fa un caldo bestiale» sbuffò Cavasotto alzandosi, con l'intenzione di andarsene. «A me lo chiede? È lei il Simenon della situazione.»

QUINDICI

La segretaria di Cazzaniga, Giovanna Bottarelli, non aveva mai avuto a che fare in vita sua con gli organi di polizia e nel varcare il portone di via Fatebenefratelli, dopo essere stata convocata in Questura per effettuare una semplice testimonianza in merito a una questione che il commissario Di Puma non aveva ben precisato, ma che lei immaginava di cosa trattarsi, sentiva crescere dentro di sé un misto di paura e inquietudine.

Durante il tragitto sulla filovia si era più volte chiesta se le convenisse mentire come le aveva chiesto il suo capo; il quale, prima che uscisse dall'ufficio per recarsi all'appuntamento, le aveva di nuovo raccomandato di rispondere come avevano stabilito. Riflettendo su quello che le sarebbe potuto accadere se avessero scoperto che mentiva, era giunta alla conclusione che l'avrebbero come minimo denunciata, col rischio di dover magari subire un processo per falsa testimonianza, con tutte le complicazioni che ne sarebbero inevitabilmente derivate. Al solo pensarci le vennero i brividi, nonostante il caldo opprimente. D'altra parte gli aveva promesso di confermare che quel mercoledì 15 luglio era rimasto in ufficio fino alle 18.00, e più ci meditava sopra, più si convinceva che non c'era alcun motivo perché la polizia non dovesse crederle.

Quello che però Cazzaniga non le aveva detto era il perché di quella messinscena. Che motivo aveva di nascondere alla polizia che quel mercoledì pomeriggio non era rimasto in ufficio? Proprio non riusciva a immaginare in quali guai si fosse cacciato. Lo conosceva da molti anni e lo considerava un uomo di sani princìpi e un buon padre di famiglia. In un paio di occasioni le era capitato di conoscere anche la moglie e i figli: una coppia apparentemente unita, che lasciava intendere un'atmosfera familiare tranquilla e serena. Mentre saliva in ascensore al terzo piano, dove le avevano detto si trovava l'ufficio del commissario Di Puma, all'improvviso sentì una vampata di calore invaderle tutto il corpo. Da quando era andata in menopausa era una condizione che le accadeva spesso, e con la quale aveva imparato suo malgrado a convivere, ma in quel momento non seppe decifrare se fosse dovuta alla sua condizione o piuttosto al nervosismo che le procurava quell'incontro. Cercò di fare un lungo respiro. Di solito, l'operazione le procurava un certo sollievo, ma quella volta non servì a niente. Anzi, alla vampata di calore si venne a sommare una vera e propria sudorazione ascellare e inguinale, unita a una sensazione di panico che per un istante non riuscì quasi a controllare. Respirò di nuovo profondamente e nel farlo s'accorse che le tremavano leggermente le mani. Si indispettì per non aver preso le gocce di ansiolitico che da qualche tempo usava per prevenire gli stati d'ansia. Il flacone l'aveva nella borsetta, ma ormai era troppo tardi per farvi ricorso. Pensò che, al limite, avrebbe potuto chiedere di andare in bagno e stillare le gocce direttamente sulla lingua. L'ultimo pensiero che l'assalì, prima che le porte automatiche dell'ascensore si aprissero, fu il pentimento per aver accettato di dare corda al suo capo senza sapere esattamente di cosa si trattasse.

Sbarcò al terzo piano in un corridoio lungo e deserto.

Quasi subito un giovanotto moro e di bell'aspetto le venne incontro come sbucato dal nulla.

«La signora Bottarelli?»

«Sì» rispose con un cenno del capo.

L'agente Lo Forte si presentò e subito la guidò lungo il corridoio fin dinanzi alla porta dell'ufficio del commissario Di Puma. Bussò piano ed entrò.

«La signora Bottarelli» annunciò.

«Venga, venga avanti. Si accomodi» disse il commissario allungando la mano e facendo cenno di sedersi nella poltroncina dinanzi alla scrivania.

La Bottarelli si sedette, leggermente a disagio, appoggiando la borsetta sulle ginocchia ossute che la gonna di gabardine color nocciola lasciava scoperte.

«Immagino si stia chiedendo perché mai l'abbiamo convocata nei nostri uffici» iniziò il commissario in tono bonario.

«Infatti» rispose la Bottarelli ostentando sorpresa.

«Non si preoccupi, non ci metteremo molto. Dovrà solo rispondere a qualche domanda.»

Il commissario Di Puma fece una breve pausa, come per dar modo alla donna di radunare i propri pensieri. Poi proseguì: «Da quanto tempo lavora col dottor Cazzaniga?».

La Bottarelli corrugò la fronte e alzò leggermente gli occhi al soffitto, come per fare un calcolo mentale.

«Esattamente dieci anni e sei mesi» rispose sicura.

«Con quali mansioni?»

«Sono la sua segretaria.»

«Quindi lei è sempre al corrente di tutti i movimenti del suo capo?»

«In che senso?»

«Intendo dire che conosce tutti i suoi appuntamenti dentro e fuori dall'ufficio.»

«Naturalmente. Di solito sono io che glieli fisso.»

«Quindi lei è in grado di confermare che mercoledì 15 luglio il dottor Cazzaniga è rimasto in ufficio tutto il pomeriggio?»

«Sì» rispose la Bottarelli scuotendo la testa, dopo un attimo di esitazione.

«È proprio sicura?»

«Sì.»

«Come fa a esserne così certa?»

«Semplice. Vede, commissario, il dottor Cazzaniga raramente fissa i suoi appuntamenti fuori dall'ufficio, e in questo ultimo mese non è mai successo.»

Il commissario Di Puma scosse la testa, meditabondo. Prese dal portacenere il mozzicone di Garibaldi e lo infilò in bocca senza accenderlo.

«Quindi lei sarebbe disposta a rilasciare una testimonianza scritta, in cui afferma che il dottor Cazzaniga quel giorno rimase in ufficio tutto il pomeriggio?»

«Naturalmente.»

«Fino a che ora restò in ufficio?»

«Fino alle 18.00, come al solito.»

Il commissario Di Puma fece una lunga pausa. Venne assalito dal desiderio di accendersi il mezzo toscano, ma riuscì a trattenersi. Non gli ci volle molto per rendersi conto della tresca messa in atto tra la fedele segretaria e il gran capo.

«L'avviso che potrà venire chiamata in tribunale per confermare questa sua testimonianza dinanzi al giudice. E le ricordo altresì che, nel caso risultasse falsa, la pena prevista contempla una reclusione da due a sei anni.»

La Bottarelli restò impassibile, cercando di assumere un atteggiamento di circostanza, mentre nella mente le passavano come lampi immagini di se stessa rinchiusa in una cella lugubre e sporca.

«Le conviene dire la verità» continuò in tono pacato l'uomo. «In questo modo eviterà una denuncia per falsa testimonianza.»

«Gliela sto dicendo, la verità. Per quale motivo dovrei mentire?»

«Non lo so, me lo dica lei. Magari per assecondare il suo capo» insinuò subdolamente il commissario spiando la donna.

La Bottarelli sentì che il sudore le aveva invaso anche il viso, concentrandosi sopra il labbro superiore e sul naso. Meccanicamente aprì la borsetta e prelevò un fazzolettino di carta per asciugarsi.

Il commissario notò che le tremavano leggermente le mani.

«Lei sa perché le sto chiedendo questa testimonianza nei confronti del dottor Cazzaniga?»

La Bottarelli scosse negativamente la testa.

«Allora sarà meglio che lei lo sappia» continuò dopo aver emesso un sospiro conciliante. «Il dottor Cazzaniga è indagato per l'omicidio di una certa Rossana Giuditta Casalegno, di cui certo avrà letto sui giornali. Una donna di trentacinque anni, moglie dell'ex onorevole Bolgetta. Delitto che è stato commesso mercoledì 15 luglio di pomeriggio in un appartamento di via Dandolo; luogo dal quale il dottor Cazzaniga è stato visto uscire, da un testimone attendibile, intorno alle 17.15. A questo punto, o lei mente, oppure il dottor Cazzaniga ha il dono dell'ubiquità.»

Per un lungo momento regnò nell'ufficio un silenzio tombale, durante il quale la donna, visto come si stavano mettendo le cose, si chiese se davvero valesse la pena persistere nel mentire peggiorando in tal modo la sua posizione.

Il commissario Di Puma, nel frattempo, spiava la Bottarelli, sicuro che da un momento all'altro avrebbe ceduto, calando la maschera che l'aveva fino a quel momento sorretta.

Lei sospirò, emise un leggero sibilo come se dalla bocca le uscisse finalmente il fluido malefico della menzogna e rivelò che Cazzaniga quel pomeriggio era uscito dal proprio ufficio alle 16 in punto, confessando inoltre che l'aveva spinta, con vaghe promesse, a confermare, nel caso la polizia glielo avesse chiesto, che lui era rimasto per tutto il pomeriggio in ufficio.

«Le disse dove doveva andare?»

La donna scosse la testa negativamente.

«Mi disse solo che si trattava di una questione personale.»

Una tale rivelazione, sommata a quella non meno sorprendente di Cavasotto, poneva Cazzaniga in una posizione a dir poco inquietante e fino a tal punto compromettente, da non poter essere in alcun modo ignorata dal commissario; il quale, congedata la Bottarelli, dopo averle fatto firmare la deposizione, si apprestò a riesaminare con attenzione il dossier del delitto Casalegno Bolgetta.

Benché in cuor suo fosse quasi certo dell'innocenza di Cazzaniga, opinione che si era venuta formando dentro di lui a livello di semplice sensazione, giudicando l'individuo sulla base della propria esperienza, ponderati per l'ennesima volta gli indizi e le testimonianze, non poté che arrendersi dinanzi all'inconfutabile evidenza.

A quel punto esistevano, infatti, elementi più che sufficienti per spiccare, nei confronti dell'uomo, un mandato di arresto per l'omicidio preterintenzionale di Rossana Giuditta Casalegno in Bolgetta.

SEDICI

La notizia dell'arresto del responsabile del delitto Casalegno Bolgetta venne pubblicata da tutti i media, sia cartacei che televisivi, col risalto che l'illustre nome esigeva.

Incarcerato a San Vittore con l'accusa di omicidio volontario in attesa di essere interrogato dal magistrato, Cazzaniga sperimentò sulla propria pelle l'ottusa brutalità dei cronisti, la maggioranza dei quali non esitò a dare per scontata la sua colpevolezza, arrivando a definirlo «il mostro della banca» e persino ad avanzare il sospetto, vista l'ubicazione topografica del luogo in cui lavorava, che fosse anche l'assassino, mai scoperto, di una giovane commessa uccisa con trenta coltellate qualche anno prima nel retrobottega di un negozio in via De Amicis.

Interrogato dal giudice Spaziani, un uomo sui sessant'anni di robusta corporatura e con i capelli grigi pettinati all'indietro, Cazzaniga si dichiarò innocente, confermando in che modo aveva conosciuto la Casalegno e i suoi incontri precedenti con la medesima, ma ribadendo con forza che si era recato nell'appartamento di via Dandolo, quel mercoledì 15 luglio, dietro precisa richiesta della stessa. Appena arrivato, qualche minuto prima delle 17.00, dopo aver suonato al citofono più volte senza ottenere risposta, se ne stava andando, quando si era accorto che il portoncino d'ingresso non era chiuso ma semplicemente accostato. Incuriosito, era entrato nel vestibolo e si era introdotto nell'appartamento fino a raggiungere la camera da letto, dove con orrore aveva scoperto il cadavere della donna.

«Non notò nessuna macchia di sangue sulle lenzuola?»

«No. Me lo ricorderei altrimenti.»

«E perché non chiamò subito la polizia, invece di fuggire?» domandò il giudice.»

Cazzaniga emise un lungo sospiro.

«Perché fui preso dal panico. E poi fui assalito dalla paura... Paura che mia moglie mi scoprisse... Paura che mi accusassero di omicidio... In quel momento l'unica cosa che volevo fare era fuggire il più lontano possibile da quella casa.»

«Nei vostri incontri, quella donna non le ha mai parlato del marito geloso che non le perdonava il tipo di vita che conduceva? O di qualcun altro con il quale aveva avuto magari incontri violenti?»

«No. Non parlava mai della sua vita privata. I nostri incontri si limitavano a uno scambio di puro e semplice sesso.»

«Posso farle una domanda personale?» disse il giudice dopo alcuni attimi di silenzio.

Cazzaniga annuì.

«Ma perché un uomo come lei, con una vita regolare e una famiglia normale alle spalle, si è lasciato incantare da una donna come quella?»

«Non lo so» rispose lui a disagio. «È stato come se tutto si svolgesse in una specie di sogno... Come se il fascino di quella donna mi avesse in qualche modo soggiogato, stregato.»

Il giudice Spaziani scosse leggermente la testa e si passò la mano sul mento ben rasato. «Per ora, tutto quello che posso dirle è di cercarsi un buon avvocato.»

***

«In fondo, può darsi che sia davvero arrivato quando la donna era già morta» commentò il giudice Spaziani alzandosi dalla scrivania del suo ufficio e andando a guardare dalla finestra la pioggia di un temporale improvviso.

«Possibile» ammise il commissario Di Puma, restando seduto dinanzi alla scrivania del giudice. «Resta il fatto che nella prima deposizione non fece alcun cenno a quell'appuntamento, affermando di essere rimasto in ufficio tutto il pomeriggio. Senza la testimonianza di Cavasotto e della Bottarelli, non avremmo in mano alcun elemento valido per una imputazione. Senza contare che nell'appartamento non abbiamo trovato nessun'altra impronta, a parte quelle di Cazzaniga, né sul corpo della vittima né in giro per la casa.»

Il giudice si voltò e tornò a sedersi dietro la scrivania lanciandogli un'occhiata sopra gli occhiali che teneva in equilibrio sulla punta del naso. «Qualcuno che sapeva del suo appuntamento l'ha anticipato in via Dandolo e ha ucciso la Casalegno per incastrarlo» ipotizzò il giudice. «Dopodiché è tornato per mettere in atto il macabro festino del clitoride.»

«Possibile» ammise il commissario. «Ma in questo caso andremmo a ficcarci in un vicolo cieco per mancanza di indizi.»

«D'altra parte, per quale motivo Cazzaniga avrebbe dovuto uccidere quella donna? Resterebbe comunque da stabilire un movente, e luimi pare non ne abbia.»

«Gelosia, pazzia» ipotizzò il commissario senza convinzione. «Non è la prima volta che un uomo morigerato e buon padre di famiglia incontra una donna che lo fa uscire completamente di senno.»

«Già» fece il giudice. «E non sarà nemmeno l'ultimo» sospirò. «E del marito, cosa mi dice?»

«Un vecchio afflitto dal morbo di Parkinson. Ha fornito un alibi ineccepibile. Convalidato dal suo domestico. E comunque non avrebbe certamente avuto la forza fisica per strangolarla.»

«Rimangono Tagliaferro e Malaspina. E quel pittore... come si chiama?»

«Cerutti Giampiero. Un tipo che si guadagna da vivere dipingendo copie dei quadri di pittori famosi firmandoli col proprio nome. È molto improbabile che sia lui l'assassino, dal momento che si tratta di un gay dichiarato. Per il momento non lo prenderei in considerazione. Quanto a Malaspina, la sua posizione va analizzata attentamente. È certamente un tipo originale, che non disdegna di vivere ai limiti della legge. Lavorava alla Diamond, una ditta che importa diamanti grezzi dalla Danimarca. Venne licenziato perché, durante i suoi viaggi per conto della ditta a Copenaghen, ingoiava qualche diamantino che rivendeva al gioielliere di via Porpora; lo stesso da cui afferma di essersi recato quel mercoledì intorno alle cinque del pomeriggio. Il titolare della gioielleria conferma che è andato da lui, ma non ricorda con precisione l'orario.»

«Quindi, se consideriamo che la Casalegno è stata assassinata, come conferma l'autopsia, tra le 15.30 e le 16.30 del pomeriggio, questo Malaspina avrebbe potuto benissimo ucciderla e poi recarsi in via Porpora.»

«Già. Ma a questo punto bisognerebbe ipotizzare che prima l'ha uccisa e poi è ritornato in via Dandolo per tagliarle il clitoride. Non mi pare tanto plausibile. Senza contare che nell'appartamento ci sono solo le impronte di Cazzaniga, proprio come se qualcuno, prima di lui, si fosse premurato di ripulire tutto l'ambiente.»

Per un po' rimasero entrambi in silenzio.

«E veniamo a Tagliaferro» disse il giudice.

«Costui dirige l'hotel La Perla Blu sulla Paullese e ha per l'appunto un alibi di ferro. Quel pomeriggio afferma di essersi recato al Pio Albergo Trivulzio dov'è ricoverata la madre ottuagenaria. Abbiamo controllato. Arrivò intorno alle tre del pomeriggio e vi rimase fino alle 17.30. Ragion per cui, non può avere avuto né il tempo né l'occasione di recarsi in via Dandolo e uccidere la Casalegno.»

«Quindi» sospirò il giudice «a meno che non intervengano fatti nuovi, Cazzaniga resta il maggior indiziato.»

«Proprio così» assentì il commissario.

«Bene» concluse il giudice. «Tuttavia, dal momento che siamo ancora nella fase preliminare delle indagini, le consiglio di scavare ulteriormente nella faccenda. Non si sa mai che salti fuori qualcosa di nuovo in grado di cambiare completamente le carte in tavola.»

DICIASSETTE

Sospinto da convincimenti personali più che da zelo d'ufficio, il commissario Di Puma occupò i giorni successivi nell'indagare sulla vita privata della Casalegno.

Iniziò logicamente da Bolgetta, il quale accettò di riceverlo nell'appartamento di via Vincenzo Monti, dove il commissario lo trovò in condizioni fisiche notevolmente peggiori di quanto gli fosse apparso l'ultima volta che l'aveva visto. Era seduto nel suo studio su una delle due poltrone di cuoio sistemate dinanzi al camino, nel quale ardeva, nonostante la stagione estiva, un ceppo di legna semicarbonizzato. Teneva sulle gambe un plaid, sopra al quale, abbandonate, le mani tremavano leggermente a causa del morbo di Parkinson.

Invitato dal commissario a descrivere la vita privata della moglie con la speranza che risultassero fatti utili al fine delle indagini, Bolgetta parlò con calma, faticando nel respirare.

«Tanto per cominciare, mia moglie era già stata sposata. Il suo primo marito si chiama Clemente Pavarini ed era, anzi è, un architetto che ha ottenuto un certo successo nel campo dell'arredo per interni. Quando la sposò, Rossana aveva appena diciannove anni e lui una quindicina in più. Si conoscevano sin da ragazzi perché abitavano nello stesso palazzo di via Pacini. Si può dire che in un certo senso lui la coltivò. Il matrimonio, accettato e in qualche modo persino voluto dai genitori di Rossana, si rivelò quasi subito un vero disastro. Il carattere estroverso e desideroso di libertà di lei si scontrò con quello introverso e violento di lui, il quale, oltretutto, si mostrò afflitto da una gelosia morbosa, che spesso lo spingeva a chiuderla nell'appartamento di via Gran Sasso dov'erano andati ad abitare dopo il matrimonio. Finché un giorno, evidentemente esasperata, lei si presentò in lacrime dai suoi genitori decisa a non tornare più con lui. Lui la raggiunse la sera stessa. La pregò in ginocchio davanti ai suoceri, supplicandola di perdonarlo e di tornare, giurando che da quel giorno si sarebbe comportato da buon marito innamorato. Rossana, sospinta anche dai suoi genitori, alla fine accettò.»

«Quanto tempo durò?»

«Le sembrerà strano ma andò avanti per più di cinque anni. Cinque anni d'inferno per entrambi. Finché lui non s'accorse che lo tradiva e allora successe il finimondo. Ci mancò poco che non la uccidesse di botte. Tanto che lei fu costretta a ricorrere alle cure mediche del pronto soccorso, e lì si accorsero che era incinta di due mesi.»

Bolgetta fece una pausa, come per riprendere fiato.

«Sporse denuncia per maltrattamenti?» domandò il commissario.

L'uomo scosse la testa. «No, perché l'attesa e la nascita del bambino addolcirono Pavarini, che all'improvviso acconsentì al divorzio che aveva sempre respinto. A condizione, però, che il bambino fosse andato a vivere con lui. Rossana, che non amava quel figlio perché lo considerava il malefico frutto germogliato da scatenati amplessi imposti con brutalità dall'odiato marito, del quale probabilmente quel bambino non era neppure figlio legittimo, accettò la condizione e finalmente poté liberarsi di lui. Per un paio d'anni tornò a vivere con i suoi genitori, poi trovò un impiego in una ditta farmaceutica e andò a vivere da sola. Finché non la incontrai una sera di cinque anni fa in casa di amici. Per un po' di tempo ci frequentammo, poi le proposi di sposarmi e lei accettò. Immagino si domanderà come mai una donna giovane e di tale bellezza accettasse di sposare un vecchio... Non sono così imbecille da pensare che si fosse innamorata di me, semplicemente credo che lo fece per una questione meramente economica: io potevo assicurarle una vita agiata, confortevole, in un ambiente sociale più elevato rispetto a quello in cui era nata. E poi mi piace pensare che provasse nei miei confronti un po' di affetto, quello che si può provare per un padre o per un amico fraterno. È sempre così, credo, quando una donna giovane sposa un uomo molto più anziano di lei. S'è forse mai visto che una donna giovane e bella abbia sposato un vecchio meschino e senza una lira?»

Il ceppo nel camino produsse una serie di piccoli scoppiettii. Le mani di Bolgetta ebbero un piccolo sussulto, come di spavento.

«Le risulta che negli ultimi tempi sua moglie avesse dei rapporti con l'ex marito e il figlio?» domandò il commissario.

«Nessuno, che io sappia. Del resto il bambino morì di meningite fulminante ad appena quattro anni, mentre si trovava in vacanza a Rapallo col padre. Lui nemmeno l'avvisò. Venne a sapere della disgrazia qualche settimana dopo, con due righe laconiche che egli stesso le aveva scritto.»

«Dunque lei esclude che in tempi recenti si fossero frequentati?»

L'avvocato sospirò e alzò le mani maculate dal grembo, in un gesto vago, riabbassandole subito pesantemente.

«Presumo di no, ma non posso escluderlo completamente. Mia moglie era una donna strana, signor commissario. Una mente sublime e diabolica allo stesso tempo. La sua bellezza... Il suo temperamento passionale la spingeva di continuo a cercare nuove sensazioni, nuove emozioni. E io, alla mia età e nelle mie condizioni...»

«Capisco» annuì il commissario, provando per quel vecchio un misto di compassione e imbarazzo. «Per caso sa dirmi dove abita attualmente l'architetto Pavarini?»

«Mi pare abbia lo studio dalle parti di corso Vercelli. Ma troverà certamente l'indirizzo preciso sulle pagine gialle.»

«Bene» disse il commissario alzandosi per andarsene. «La ringrazio per avermi concesso un po' del suo tempo.»

«Oh, per quello non si preoccupi. Di tempo ne ho anche troppo. È l'unica cosa che mi rimane, ormai. A proposito, quel tale che avete arrestato, quel Cazzaniga, è lui l'assassino?»

«Ci sono molte prove che lo accusano, manca però un valido movente.»

«Gelosia» suggerì Bolgetta, facendo una smorfia che voleva significare quanto la cosa fosse evidente.

«Già» fece il commissario. «Il fatto è che lo stesso movente potrebbe aver spinto a uccidere anche altri due o tre indiziati.»

Fuori dallo studio incontrò il domestico, che lo accompagnò verso la porta d'ingresso.

«Da quanto tempo lavora in casa Bolgetta?» gli domandò il commissario.

«Da oltre dieci anni.»

«Quindi conosce bene il ménage che c'era tra lui e sua moglie?»

«In che senso, scusi?»

«Be', diciamo così... le esigenze della signora Rossana, i suoi comportamenti... le sue relazioni...»

«Io bado soltanto al mio lavoro» rispose algido il domestico.

«Capisco» disse il commissario. «Nel pomeriggio di mercoledì 15 luglio dove si trovava?»

«Qui in casa col dottor Bolgetta, come sempre. Il mio giorno di libertà è la domenica.»

«C'è qualcuno che può confermarlo?»

«Il dottor Bolgetta.»

«Già» mormorò il commissario con leggero sorriso. «E oltre a lui?»

«Ci sarebbe la signora Matilde, la cuoca. Ma quel giorno non c'era, si era presa un giorno di ferie per andare a Padova dai suoi.»

«Bene» fece il commissario. «Se avrò bisogno ancora di lei non esiterò a contattarla. Qual è il suo nome?»

«Ottavio Ferretti.»

DICIOTTO

L'architetto Clemente Pavarini, dal quale il commissario si recò il pomeriggio del giorno seguente, previo appuntamento, lo ricevette nel suo studio situato al pianterreno di un edificio anni Sessanta in via Melzi d'Eril, con un sorriso tirato che lasciava chiaramente intendere che avrebbe fatto volentieri a meno di quella visita. Interrogato sul delitto della sua ex moglie, affermò con tranquillità che non la vedeva da almeno tre anni. Tale, appunto, era il tempo trascorso dall'ultima volta che l'aveva incontrata in una libreria del centro.

Invitato gentilmente a fornire un alibi per il pomeriggio di mercoledì 15 luglio, il Pavarini non ebbe difficoltà ad affermare che proprio quel giorno si era recato a Roma per partecipare a un convegno sui problemi del degrado delle periferie cittadine. Non era più in possesso del biglietto del Frecciarossa, naturalmente, ma comunque poteva senz'altro fornirgli il nome del presidente del convegno, il quale avrebbe potuto tranquillamente confermare la sua presenza.

Mentre parlava, il commissario studiava quell'uomo sui quarantacinque anni brizzolato, alto e asciutto, dall'aspetto aristocratico, cercando di immaginarselo, senza riuscirci, nell'atto di picchiare a sangue la moglie fedifraga.

«Per quale motivo divorziaste?»

«Quella donna era una ninfomane» sbottò Pavarini come sospinto da una irritazione a lungo repressa. «Una pazza. Una donna priva di morale. Solo un vecchio depravato come Bolgetta poteva convivere con un simile essere. D'altra parte è stato uno dei suoi amanti quando era ancora sposata con me.»

«Ne è sicuro?» domandò sorpreso il commissario.

«Certo che sono sicuro! Sa cosa le dico? Non mi sorprende affatto che l'abbiano uccisa in quel modo. Voglio dire, una come lei, dedita a incontri con uomini sempre diversi... Prima o poi doveva aspettarselo.»

Di Puma rimase pensieroso, lisciandosi il mento.

«Lei la odiava, vero? È per questo che l'ha uccisa.»

Pavarini proruppe in una sonora risata.

«Egregio commissario, se avessi voluto ucciderla l'avrei fatto quando ancora eravamo sposati. Avrei avuto le mie buone ragioni per farlo, gliel'assicuro. In passato sì, l'ho odiata, se è questo che vuole sapere. Ma sentimentalmente per me non contava più niente ormai. Da cinque anni convivo con una donna stupenda, con la quale conduco finalmente una vita normale.»

«Capisco. Tuttavia ci risulta che, quando stavate insieme, lei era molto violento nei suoi confronti, tanto che una volta sua moglie fu costretta a rivolgersi al pronto soccorso.»

«Questa è un'altra di quelle menzogne che va dicendo in giro Bolgetta. Si trattò semplicemente di un incidente. Avevamo avuto l'ennesima discussione, io l'afferrai per un braccio e la spinsi all'indietro verso il divano. Lei scivolò e andò a sbattere contro lo spigolo del tavolino procurandosi un taglio sulla fronte. La ferita era profonda, quindi andammo al pronto soccorso, dove le diedero cinque punti di sutura. Ero soltanto un marito geloso della propria moglie, che si era rivelata mostruosamente diversa da come io l'avevo creduta.

Quanto a Bolgetta le rivelerò un segreto, che poi tanto segreto non è: si tratta di un individuo impotente e omosessuale. Uno di quelli, per intenderci, che trae godimento nell'osservare la propria donna mentre viene posseduta da un altro uomo, restando di solito a guardare in modo passivo, ma che quando interviene lo fa sul maschio e non sulla donna.»

«E nonostante ciò, la sua ex moglie accettò di sposarlo» commentò il commissario.

«Oh, non si meravigli di questo. Erano due esseri che si completavano reciprocamente. A lui piaceva avere accanto a sé una donna giovane e bella, e pur di tenersela stretta non fece altro che agevolare gli istinti che lei già possedeva naturalmente. Che cosa poteva chiedere di meglio quella puttana? Bolgetta è un uomo di rango e per di più ricco, e la mia ex moglie era una donna a cui piacevano molto il lusso e il denaro.»

«Una specie di vicendevole tornaconto» suggerì il commissario.

«Più o meno» ammise Pavarini.

«Un'ultima cosa, architetto» disse il commissario alzandosi in piedi per andarsene. «Conosceva già Bolgetta prima che sposasse la sua ex moglie?»

«Sì. Lo conobbi quando mi diede l'incarico di ristrutturare il suo vecchio appartamento in via Vincenzo Monti.»

«Era ancora sposato con la signora Casalegno?»

«Sì, certo. In quel momento stavo attraversando un periodo economico problematico, e l'incarico dell'avvocato ridiede fiato al mio conto in banca. Fu proprio in quell'occasione che gli presentai mia moglie. Fece una specie di ricevimento per festeggiare la fine dei lavori e naturalmente fummo invitati. Fu da quel momento, immagino, che i due iniziarono a frequentarsi.»

«Bene, architetto. Per il momento è tutto. Forse non sarà necessario, ma può darsi che al processo servirà una sua testimonianza.»

«Nessun problema. A proposito, quel tale che avete arrestato, è proprio lui l'assassino?»

Il commissario sorrise. «È la stessa domanda che mi ha fatto Bolgetta. Pare che tutti siano impazienti di tirare un respiro di sollievo.»

DICIANNOVE

Carla, la moglie di Cazzaniga, venne a sapere dell'arresto del marito leggendo il *Corriere* seduta al tavolino di un caffè a Pisano, un paesino a mezza costa sulle sponde occidentali del lago Maggiore, non lontano da Meina, dove si trovavano i suoi figli ospiti dei Mentasti, vecchi amici di famiglia. Vi era andata a rifugiarsi, ospite di sua cugina Maria, figlia di una sorella di sua madre. A tutto poteva credere, ma non che Ernesto fosse un assassino. Il primo impulso fu quello di tornare subito a Milano e di recarsi a San Vittore per parlare con lui: voleva sentirsi dire da lui che era innocente, che non aveva ucciso quella donna; benché in realtà non ce ne fosse alcun bisogno, dal momento che lei era già sicura della risposta. Il secondo pensiero che le venne fu per i figli e per la reazione che avrebbero avuto venendo a conoscenza di una simile notizia dai giornali. Ne parlò con sua cugina e insieme stabilirono che sarebbe stato meglio parlare prima con i ragazzi, per tranquillizzarli. Quello stesso pomeriggio si fece prestare la Panda da Maria e partì alla volta di Meina.

Dopo aver rassicurato i figli, e convenendo con loro che certamente si trattava di un macroscopico equivoco, e aver ottenuto dai Mentasti l'assicurazione che avrebbero ospitato volentieri i ragazzi fino a quando le cose non si fossero in un modo o nell'altro sistemate, risalì in macchina e partì a tutta birra per Milano.

Arrivò all'ingresso principale di via degli Olivetani che erano da poco passate le 16.00, ma, dal momento che l'orario delle visite era dalle 7.30 alle 13.30, dovette rimandare il colloquio al giorno successivo. A quel punto decise di tornare a Saronno: avrebbe trascorso lì la notte e avrebbe approfittato per dare un'occhiata alla casa e controllare che tutto fosse in ordine.

Quando arrivò davanti al cancello di casa, ebbe la sorpresa di trovare ciò che non si era neppure lontanamente immaginata: un paio di troupe televisive pronte ad accoglierla con i loro microfoni e le loro domande insistenti. Riuscì a malapena ad aprire il cancello e a entrare, lasciandosi alle spalle quell'orda urlante. Aveva visto spesse volte in televisione simili scene e aveva sempre pensato che, se mai un giorno fosse capitato a lei, li avrebbe respinti con forza e decisione; ma in quel momento non riuscì in alcun modo a reagire come avrebbe voluto, ma soltanto a sentirsi impaurita e indifesa.

In casa il caldo era opprimente. Aprì le finestre e andò in bagno a fare una doccia. Restò sotto il getto appena tiepido per un bel po', con la mente che vorticava come una trottola impazzita attorno ai fatti che stavano succedendo e alla propria vita che stava subendo un cambiamento radicale. In qualsiasi modo sarebbe andato a finire tutto questo, si disse asciugandosi, niente sarebbe mai più stato come prima. Per un attimo ebbe la spaventosa visione di suo marito che entrava in una prigione dalla quale non sarebbe mai più uscito. Scacciò quell'incubo, ripetendo a se stessa che Ernesto era senza alcun dubbio innocente, e che se ciononostante fosse stato ugualmente condannato, lei gli sarebbe rimasta accanto e avrebbe lottato fino all'ultimo per dimostrare il contrario.

Il mattino seguente, alle 7.30 in punto, in preda a uno stato emotivo che la rendeva agitata e sudata dopo aver trascorso una notte praticamente insonne, affollata di pensieri che si alternavano tra l'ottimismo e il pessimismo, entrò nel portone di San Vittore presentandosi al piantone e chiedendo un colloquio con Ernesto Cazzaniga, suo marito.

Il piantone, dopo averle chiesto il documento d'identità e averle fatto firmare il registro, le disse di accomodarsi in sala di attesa. Passò più di mezz'ora prima che una guardia carceraria venne a chiamarla dicendole di seguirlo. La condusse in una piccola stanza spoglia che fungeva da parlatorio, dov'erano sistemati un tavolo e due sedie. Passò un'altra mezz'ora e finalmente suo marito comparve, come può comparire un attore tragico da dietro le quinte di uno squallido teatro.

Il suo viso esprimeva tutto lo sconforto e la disperazione che lo opprimevano. Carla non l'aveva mai visto così fisicamente distrutto. Le parve improvvisamente invecchiato di molti anni. Di scatto si alzò in piedi e si abbracciarono in silenzio. Poi si sedettero uno di fronte all'altra, tenendosi per mano su quel tavolo vecchio e insulso.

«Come stai?» chiese Carla con una voce emozionata che nemmeno lei riconobbe.

«Bene» rispose Ernesto alzando le spalle mestamente, sfuggendo al suo sguardo.

«Sono venuta appena ho saputo...»

Senza che lei lo esortasse, lentamente le raccontò tutta la faccenda dall'inizio alla fine.

«Sono innocente, Carla, credimi» terminò. «La mia unica colpa, di cui ti chiederò perdono finché avrò vita, è stata quella di cedere a una donna che mi ha fatto perdere la ragione trascinandomi in un vortice del quale io stesso non riesco a capacitarmi. Ma non l'ho uccisa, te l'assicuro, devi credermi.»

Mentre parlava, aveva avuto solo alla fine il coraggio di guardarla negli occhi.

«Ti credo. Però, adesso, dobbiamo convincere anche gli altri. Per un momento ci siamo persi entrambi, anch'io devo farmi perdonare...» fece una pausa stringendogli le mani. «Ma adesso, se dentro di noi c'è ancora un po' di quell'amore che ci ha uniti per tutti questi anni, dobbiamo dimenticare il passato, unire le forze e combattere per far prevalere la verità.»

Ernesto scosse la testa in silenzio. Sembrava non avere più la voce nemmeno per parlare. Appariva esausto, sfinito.

«Innanzitutto dobbiamo trovare un buon avvocato» continuò Carla. «Per esempio, quell'avvocato famoso che ogni tanto appare in televisione. Come si chiama...»

«Avvocato D'amore» suggerì Ernesto.

«Sì, quello. Andrò subito a parlare con lui.»

«Ci costerà una cifra» commentò Ernesto.

«A questo penseremo dopo. Un po' di soldi li abbiamo. Al limite potremmo chiedere un prestito alla tua banca. In fondo, sono più di trent'anni che ci lavori. E alla più disperata c'è la liquidazione, almeno quella non te la possono negare.»

Ernesto rimase in silenzio, guardandola con l'espressione di chi vede crollare tutto ciò che nella vita era riuscito a costruire.

«E i ragazzi?» domandò.

«Sono dai Mentasti. Ieri sono andata a trovarli e anche loro sono convinti della tua innocenza. Per il momento i Mentasti sono disposti a ospitarli finché le cose non si saranno risolte.»

«Mi ami ancora?» le chiese quasi sottovoce.

«Certo che ti amo, sarei seduta qui davanti a te se non lo fossi? E tu?»

«Anche se per un attimo ho perso la testa, non ho mai smesso di amarti.»

La guardia entrò nel piccolo locale informando che il colloquio era terminato. Entrambi si alzarono e si abbracciarono senza parlare.

Quando uscì da San Vittore, carica di una volontà combattiva che nemmeno lei immaginava di possedere, dopo aver rintracciato l'indirizzo sulle pagine gialle di un bar della zona, Carla si recò subito nello studio dell'avvocato D'amore in via Pogdora.

Non fu facile farsi ricevere dal principe del foro senza appuntamento, ma quando la segretaria disse all'avvocato che c'era la moglie di Ernesto Cazzaniga, il cui caso era di recente balzato agli onori della cronaca in TV e su tutti i giornali, l'avvocato accettò subito di riceverla.

Carla, dopo essersi presentata, gli chiese senza mezzi termini se accettava di assumere la difesa di suo marito.

«Ho letto la storia sui giornali» disse l'avvocato D'amore, un bell'uomo sulla cinquantina con i capelli brizzolati tagliati corti e un paio di occhiali d'acciaio che gli conferivano un'aria severa. «E i giornali, si sa, raccontano le storie a modo loro. Per decidere se assumere la difesa di suo marito, dovrei prima parlare con lui.»

«E può farlo?»

«Certo che posso. Se lei mi conferisce ufficialmente l'incarico, leggerò le imputazioni e fisserò subito l'appuntamento per un colloquio in carcere.»

Alle quattro di quello stesso pomeriggio, l'avvocato D'amore si sedeva davanti alla scrivania del giudice Spaziani, che conosceva da molti anni e con il quale manteneva un rapporto di sincera amicizia.

«Qual buon vento ti porta al mio cospetto?» domandò scherzando il giudice.

«Sto decidendo se accettare la difesa di Ernesto Cazzaniga, l'imputato del delitto Casalegno Bolgetta.»

Il volto del giudice si fece pensieroso.

«È un caso che si presenta complicato, mio caro amico. Secondo il pubblico ministero, ci sono prove schiaccianti contro di lui e non esistono, al momento, altri indiziati. O meglio esistono, ma hanno tutti un alibi più o meno valido. Cazzaniga non ne ha, e per di più è stato visto uscire dalla palazzina di via Dandolo quello stesso pomeriggio pressappoco alla stessa ora in cui la Casalegno è stata uccisa. Sulla base di questa testimonianza, effettuata da Cavasotto, che entrambi conosciamo, e dopo aver letto il rapporto del commissario Di Puma, ho confermato l'arresto dell'uomo, benché né io né il commissario siamo del tutto convinti della sua colpevolezza. Comunque, leggerai il rapporto del Pm e ti farai un'idea più precisa degli avvenimenti. Immagino che tu voglia conferire con lui, prima di decidere?»

«Naturalmente. Tuttavia, in linea di massima, ho già deciso di accettare. Comunque vada, il processo susciterà un interesse mediatico notevole, e un po' di pubblicità serve sempre. Chi è il Pm di turno?»

«Il nostro comune amico, Simonetta.»

«Pensavo fosse andato in pensione.»

«Ha posticipato. Ci andrà l'anno prossimo.»

Tre giorni dopo, alle 11.00 del mattino, Ernesto Cazzaniga era seduto nel piccolo parlatorio di San Vittore davanti all'avvocato D'amore, al quale raccontò, con dovizia di particolari, tutta la storia dall'inizio alla fine.

L'avvocato chiuse il taccuino sul quale aveva preso appunti e si appoggiò allo schienale della sedia.

«Se devo essere sincero, è una storia a dir poco improbabile: una donna di rara bellezza, moglie di un ex deputato, che alle sette del mattino sale su un treno di pendolari per adescare un uomo... dandogli poi appuntamento nel suo appartamento con lo scopo di instaurare con lui una relazione sessuale... Deve convenire che non è un comportamento normale. O aveva un piano ben preciso in mente, o si tratta di una ninfomane, di una donna malata.»

«Fu quello che, infatti, mi disse il Bolgetta la sera in cui il suo domestico mi prelevò. Disse proprio così: che sua moglie era una donna malata, che il sesso era per lei una specie di droga, e che lui, alla sua età e nelle sue condizioni fisiche...»

«Perché ha omesso di riferire al commissario Di Puma il sequestro da parte di Bolgetta e il tentativo di ucciderla?»

«Ho pensato che in quel momento dirglielo potesse in qualche modo nuocermi.»

«Da quanto ho letto nel verbale, non era la prima volta che lei si recava nell'appartamento di via Dandolo.»

«No, c'ero già stato una volta.»

«Se non sbaglio il conto, lei ha fatto sesso con quella donna due volte: una volta alla Perla Blu e una volta in via Dandolo.»

«Esatto.»

«E non ha mai notato niente di strano, nessuna persona sospetta girare intorno? Magari sempre lo stesso volto in tutte e tre le occasioni?»

«Non ci facevo caso. Comunque no, non ricordo.»

«Lei afferma che l'ultima volta che si è recato in via Dandolo ha trovato il portoncino socchiuso. Non le è venuto in mente che la cosa fosse quantomeno singolare e che forse sarebbe stato meglio non entrare?»

«No, francamente non ci ho pensato. Era una donna eccentrica, ho pensato che facesse parte del gioco.»

«Quindi lei è entrato nella casa e in camera ha trovato il cadavere della donna seminuda sul letto.»

«Esatto.»

«Non vide tracce di sangue sulle lenzuola?»

«No, come ho già detto al pubblico ministero, sono sicuro che di sangue non ce n'era.»

«Lei sa che le hanno tagliato il clitoride?»

«Sì, l'ho letto sui giornali.»

«Se lei afferma di non aver visto del sangue, questo può voler significare che qualcuno, dopo che lei se n'è andato, è tornato nell'appartamento col proposito di mutilarla» valutò l'avvocato come parlando a se stesso.

Cazzaniga restò in silenzio.

«Oppure che lei mente» continuò l'avvocato. «Prima l'ha uccisa e poi le ha tagliato il clitoride.»

L'uomo scosse la testa energicamente.

«No, avvocato, non è andata così! Tagliarle il clitoride poi, figuriamoci! Non saprei neanche da che parte iniziare. Sto dicendo la verità! E poi, per quale motivo avrei dovuto ucciderla?»

«Per il più banale dei motivi: gelosia.»

«Se c'era un sentimento che non provavo per quella donna, era la gelosia. Attrazione fisica, fascino, questo sì, ma non gelosia. Io non amavo quella donna, avvocato, ne ero soltanto affascinato, stregato.»

«A quel punto è uscito di corsa dall'appartamento e ha pensato bene di mettere in piedi la pantomima dell'alibi con l'appoggio della sua segretaria. Perché non ha chiamato subito la polizia?»

Cazzaniga abbassò la testa. «Lo riconosco, è stata una sciocchezza, un tentativo puerile di nascondere la verità. Non volevo che mia moglie venisse a sapere che ero andato con quella donna, e inoltre pensai che la polizia mi avrebbe subito considerato colpevole.»

«Già, ma così facendo ha peggiorato la situazione... lo capisce questo?»

Lui scosse la testa, sconsolato.

«Bene» disse l'avvocato alzandosi in piedi. «Imposteremo la difesa sulla mancanza di un vero e proprio movente, avvalorando l'ipotesi che il vero assassino abbia ucciso la vittima prima che lei arrivasse e poi è tornato sulla scena del crimine per tagliarle il clitoride. In questo modo infonderemo un ragionevole dubbio nella giuria. Non chiederemo il rito abbreviato.»

«Mi scusi, avvocato, ma con il rito abbreviato non si riduce la pena?»

«In un certo senso sì. Ma è un'arma a doppio taglio sotto il profilo del sacrificio delle garanzie difensive.»

VENTI

Il processo, che si svolse nell'autunno di quello stesso anno, ebbe, com'era facile immaginare, un battage mediatico morboso, che divise l'opinione pubblica, come sempre avviene in simili casi, in colpevolisti e innocentisti.

Il Pm Enrico Simonetta chiamò per primo a testimoniare Andrea Tagliaferro, il quale confermò che la vittima frequentava spesso la camera n°7 del suo albergo La Perla Blu, dove s'intratteneva con uomini sempre diversi. Sollecitato dal Pm, ribadì che il pomeriggio del 15 luglio si era recato a trovare sua madre ottuagenaria nella casa di riposo del Pio Albergo Trivulzio, dove si era trattenuto fino alle 18.00. Invitato dal Pm a indicare se l'imputato fosse l'ultimo uomo che si era incontrato qualche giorno prima con la vittima nel suo albergo, il Tagliaferro confermò che era lui senza alcun dubbio.

Congedato l'uomo, il Pm chiamò a deporre Cavasotto, uno dei principali testimoni, se non il principale, che inchiodava senza via di scampo Cazzaniga.

«Vuole spiegare alla corte come mai, quel pomeriggio del 15 luglio alle 17.00, lei si trovava in via Dandolo in prossimità del civico n°7?»

«Stavo pedinando l'imputato su incarico della moglie, la quale sospettava che il marito avesse una relazione extraconiugale» disse il detective accomodando meglio il suo grosso corpo sul piccolo scranno.

«E cosa vide?»

«Vidi Cazzaniga, l'imputato, entrare nella palazzina alle cinque meno cinque e uscirne dopo pochi minuti.»

«E come le sembrò? Intendo dire, le parve in qualche modo turbato?»

«Sì. Più che turbato, mi sembrò in palese stato di agitazione, tanto che uscì in tutta fretta, lasciando aperto il portoncino della palazzina.»

«A quel punto lei cosa fece?»

«Aspettai qualche minuto, poi, spinto da una specie di presentimento, entrai nella palazzina e...»

«E in camera da letto scoprì il cadavere della signora Giuditta Casalegno, moglie del deputato Bolgetta. Non è così?» concluse il Pm.

«Sì, è così.»

«Considerando che l'autopsia stabilisce la morte tra le 15.30 e le 16.30, ne consegue che Cazzaniga entrò in quella casa con la precisa intenzione di ucciderla, certamente spinto a farlo accecato dalla gelosia nei confronti di una donna che era solita intrattenersi con uomini sempre diversi.»

Cavasotto alzò la mano per chiedere la parola, ma il Pm lo congedò bruscamente, dicendo che non aveva altre domande da fare.

Nel controinterrogatorio, l'avvocato D'amore sollecitò Cavasotto a chiarire alcuni punti della sua deposizione.

«Lei è un ex carabiniere, immagino che nella sua carriera le sia qualche volta capitato di trovarsi davanti a un cadavere. Nel verbale da lei rilasciato al commissario Di Puma, afferma di aver toccato il cadavere della Casalegno e di averlo trovato troppo freddo per essere stato strangolato soltanto pochi minuti prima.»

«È così. Infatti.»

«Si accorse che al cadavere era stato asportato il clitoride?»

«No.»

«Possibile che un detective esperto come lei non se ne sia accorto?»

«Non me ne sono accorto perché non c'erano tracce di sangue.»

«Ne è sicuro?»

«Sicurissimo.»

«Eppure, quando la polizia il mattino seguente arrivò nell'appartamento chiamata dalla donna di servizio, le lenzuola erano sporche di sangue. Questo può significare solo una cosa: che l'asportazione del clitoride al cadavere è stata effettuata dopo che il mio cliente se n'era andato dall'appartamento di via Dandolo. Inoltre, secondo la sua deposizione, se a ucciderla fosse stato l'imputato, il corpo sarebbe stato ancora caldo, o perlomeno tiepido. Dico bene?»

«Non c'è alcun dubbio. Oltretutto l'imputato restò nella casa un tempo troppo breve per effettuare lo strangolamento della donna. È quindi mia convinzione che quando Cazzaniga entrò nella palazzina, la donna era già morta. L'uomo e io che lo pedinavo siamo arrivati in via Dandolo alle cinque meno dieci, è possibile quindi che qualcun altro l'abbia uccisa una mezz'ora o venti minuti prima del nostro arrivo.»

«Da qualcuno che magari sapeva dell'appuntamento del mio assistito, col preciso intento di far ricadere su di lui la colpa» ipotizzò l'avvocato D'amore. «E quando il mio cliente se n'è andato, costui, approfittando del fatto che nessuno avrebbe scoperto il cadavere fino al mattino seguente, è tornato nell'appartamento e ha tagliato il clitoride alla vittima.»

«È possibile, direi più che probabile» confermò Cavasotto.

«Non ho altre domande» disse l'avvocato D'amore, richiamando alla sbarra Tagliaferro, spinto da un'improvvisa intuizione.

«Lei ha affermato che, nella camera n°7 del suo albergo, la vittima era già stata precedentemente con altri uomini.»

«Sì, è così.»

Invitato dall'avvocato a indicare se nell'aula fosse per caso presente qualche altro accompagnatore occasionale della vittima, Tagliaferro, sorprendendo sia la difesa che l'accusa, indicò senza ombra di dubbio l'architetto Pavarini.

Chiamato immediatamente alla sbarra in mezzo al mormorio crescente del pubblico in aula, l'architetto confessò di essersi incontrato alla Perla Blu con la ex moglie non più tardi di due mesi innanzi, col solo e unico intento di porre fine alle insistenti e imbarazzanti telefonate di quest'ultima, che avrebbero certamente potuto mettere in crisi il rapporto esistente tra lui e la donna con la quale da qualche anno felicemente conviveva.

«Vuole dire alla corte qual era il motivo di quelle telefonate?» domandò l'avvocato D'amore.

«Si lamentava del suo matrimonio» rispose Pavarini con evidente nervosismo. «Meditava di chiedere il divorzio. Diceva che non ce la faceva più a vivere con quel vecchio.»

«Che lei sappia, lo chiese mai il divorzio?»

«No. Immagino che avesse paura di perdere la vita agiata che i soldi dell'avvocato Bolgetta le permettevano di fare.»

«E a lei, cosa chiedeva in concreto?»

Pavarini allentò il nodo della cravatta e sbottonò il colletto della camicia. «Mi chiese un consiglio su come sbarazzarsi del marito senza perdere il suo patrimonio.»

«E lei che consiglio le diede?»

«Le dissi che l'unico modo era aspettare che lui morisse di morte naturale. Vista l'età e le condizioni di salute, probabilmente non sarebbe vissuto ancora per molto.»

A quel punto il pubblico ministero intervenne nel dibattito, facendo notare con ironia che in quella sede non si stava discutendo del rapporto matrimoniale tra i due, né dell'assassinio di Bolgetta, ma di quello della Casalegno, e che quindi le domande non erano da considerarsi pertinenti al dibattimento in corso.

Ignorando l'intervento del Pm e con l'avvallo del giudice, l'avvocato D'amore si rivolse di nuovo a Pavarini.

«Era proprio necessario incontrarsi nella camera n°7 della Perla Blu per discutere delle vostre questioni?»

«Fu lei che lo volle» precisò l'interrogato.

«Ma guarda un po'. Eppure lei non mi sembra il tipo d'uomo disposto a subire imposizioni» commentò sarcastico l'avvocato. «È proprio sicuro» continuò scandendo bene le parole «che invece non fosse ciò che anche lei desiderava? E che quello non fu propriamente un incontro chiarificatore, ma un vero e proprio appuntamento d'amore? E che nonostante la rottura del vostro matrimonio, lei continuava a essere geloso della sua ex moglie e della vita peccaminosa che conduceva?»

«Nient'affatto!» sbottò Pavarini, risentito. «Per me quella donna non contava più niente da molto tempo.»

«Sentimentalmente forse, ma sessualmente?» incalzò l'avvocato D'amore. «Non è forse vero» proseguì alzando il tono della voce «che proprio a causa della sua gelosia, quando eravate sposati, la malmenò più d'una volta con tale violenza da dover ricorrere alle cure mediche del pronto soccorso?»

Tra il rumoreggiare della folla che s'innalzò nell'aula con intensità crescente, il pubblico ministero intervenne di nuovo con decisione, contestando che il fatto non aveva alcuna attinenza col processo in corso, e che comunque Pavarini era in possesso di un alibi che ne dimostrava l'innocenza al di là di ogni ragionevole dubbio. Non altrettanto si poteva invece dire dell'accusato, il quale, malauguratamente per lui, era stato visto entrare e uscire dall'appartamento di via Dandolo proprio alla stessa ora in cui la vittima, come la necroscopia confermava, era stata assassinata.

L'avvocato D'amore, a cui era bastato far risaltare dinanzi alla corte che anche Pavarini avrebbe avuto un motivo più che valido per uccidere l'ex consorte, congedò il teste senza porgli ulteriori domande e chiamò sul banco dei testimoni Malaspina.

Costui, torchiato con domande pressanti circa il suo alibi vacillante, confermò di essere uscito di casa intorno alle quattro e di essere arrivato all'oreficeria verso le cinque. Non riuscì però a fornire una valida motivazione circa il tempo eccessivo impiegato per raggiungere da corso Lodi, dove abitava, il suo cliente in via Porpora, se non quella del traffico cittadino.

Interrogato sulla sua relazione con la vittima, Malaspina giurò e spergiurò che non vedeva quella donna da parecchi mesi, avvalorando la sua affermazione col fatto che lui, alla Perla Blu, non vi aveva mai messo piede.

«Tuttavia lei conferma di essere stato l'amante della Casalegno per circa un anno. Vuole cortesemente dirci dove vi incontravate in quel periodo?»

«Nel mio appartamento» rispose pronto l'uomo.

«Dunque devo dedurre che lei non mise mai piede nell'appartamento di via Dandolo?»

«Ci andai due o tre volte, all'inizio della nostra relazione. Poi lei mi disse che era troppo pericoloso perché suo marito la stava spiando. Quindi dirottammo gli incontri a casa mia.»

«Durante la vostra relazione, la Casalegno s'incontrava solo con lei, o le risulta che frequentasse anche altri uomini?»

Malaspina si guardò intorno con l'aria smarrita di colui che non comprende l'esatto svolgersi degli eventi.

«Non lo so» disse infine. «Noi ci incontravamo una o due volte alla settimana, quando riusciva a sganciarsi dal marito, diceva. Adesso che ci penso, una volta mi capitò di incontrare in via Dandolo un giovanotto sulla trentina, che lei mi presentò come suo cugino, che però se ne andò quasi subito.»

«Dunque, considerando l'attività frenetica della vittima, è lecito ipotizzare che lei non fosse l'unico uomo che frequentava in quel periodo.»

Malaspina si guardò intorno, sempre più smarrito.

«Non lo escludo» ammise.

«E quando la donna disse che voleva troncare il vostro rapporto, nei confronti del quale aveva ormai perso ogni interesse e piacere, lei reagì come spesso reagisce un amante respinto: accecato dal rifiuto e dalla gelosia, non vide altra soluzione che recarsi in via Dandolo e ucciderla!»

«No!» urlò l'uomo alzandosi in piedi di scatto, col volto rosso e le nocche livide serrate intorno alla balaustra di legno. «Non l'ho uccisa, con lei era tutto finito! E poi non fu lei a troncare il nostro rapporto, ma io, quando mi disse...»

«Quando le disse che cosa?» incalzò l'avvocato.

«Mi disse che se l'amavo davvero avrei dovuto uccidere il vecchio, così chiamava il marito. Dopodiché saremmo vissuti felici con i suoi soldi. Sembrava una pazza quando lo disse. Per questo troncai la relazione.»

L'avvocato D'amore restò per qualche istante pensieroso. Stava per congedare il teste, quando gli venne un sospetto che subito volle verificare.

«Tuttavia ci risulta che lei possieda ancora le chiavi dell'appartamento di via Dandolo» buttò lì senza troppe speranze.

Sulla faccia di Malaspina si dipinse una smorfia di indecifrabile terrore.

«Non è così?» insistette l'avvocato compiacendosi con se stesso.

«Fu lei a darmele» ammise lui con un tono di voce che risultò un flebile sussurro.

«Alzi la voce per cortesia, la Corte non ha sentito.»

«Fu lei a darmele. Disse che con le chiavi potevo sembrare uno che abitava nella palazzina e avrei dato meno nell'occhio. Quando la nostra relazione terminò, mi dimenticai di restituirgliele. Né lei mai le chiese.»

«Quindi sono ancora in suo possesso?»

«Credo di sì.»

«Crede, o è sicuro?»

«Diciamo che sono sicuro.»

«Lei nel verbale afferma di essere arrivato alla gioielleria di via Porpora intorno alle quattro del pomeriggio. Considerando che la vittima è stata uccisa, come da necroscopia, tra le 15.30 e le 16.30, e calcolando che da corso Lodi, dove lei abita, per arrivare in via Porpora non occorrono più di venti minuti di auto, se ne deduce che lei avrebbe avuto il tempo necessario per recarsi prima in via Dandolo, entrare con le chiavi dell'appartamento e uccidere la Casalegno. Tenendo altresì conto che il gioielliere di via Porpora non ricorda con precisione l'ora esatta in cui lei arrivò al suo negozio.»

«Non è andata così!» urlò Malaspina. «Uscii di casa alle tre e mezza e arrivai in Porpora alle quattro. Non avrei avuto il tempo di recarmi prima in via Dandolo.»

«Non ho altre domande» concluse l'avvocato D'amore congedando il teste e chiamando a deporre il suo assistito.

Cazzaniga ripeté e confermò in aula i fatti così come li aveva esposti al giudice Spaziani, precisando che, quando aveva scoperto il cadavere riverso sul letto, era stato colto dal panico ed era fuggito da quella casa senza pensare nemmeno per un momento di chiamare la polizia. E che quando più tardi ci aveva pensato, non lo aveva fatto per timore di venire accusato di omicidio, il che sarebbe apparso fin troppo naturale vista la sua posizione.

«Lei afferma di non aver visto nessuna macchia di sangue sulle lenzuola. Ne è sicuro?» domandò l'avvocato.

«Sicurissimo. Come ho già detto, se ci fosse stato del sangue me ne sarei certamente accorto.»

Dietro consiglio dell'avvocato, raccontò anche quello che ancora nessuno sapeva, e cioè che la sera in cui tornava a casa dopo l'interrogatorio in Questura, uscito dalla stazione di Saronno era stato avvicinato da Ottavio, l'autista del signor Bolgetta, che con uno stratagemma lo aveva fatto salire in auto e condotto in una vecchia villa in quel di Origgio. Lì Bolgetta, dopo un lungo discorso nel quale lo accusava se non di essere il vero assassino di sua moglie, quantomeno uno degli ultimi approfittatori del suo corpo, gli aveva puntato contro una pistola con la precisa intenzione di ucciderlo. E fu solo grazie all'incepparsi di quest'ultima e alle precarie condizioni fisiche dell'uomo che riuscì a fuggire, salvandosi la vita.

La rivelazione non mancò di suscitare lo scalpore e lo scompiglio che l'avvocato D'amore si era prefisso e a cui tornò utile, non tanto per rinsaldare la linea di difesa, quanto per intorbidire le acque nel tentativo di confondere le idee della giuria. Congedò il teste, ma il Pm chiese e ottenne dal giudice un controinterrogatorio.

«Signor Cazzaniga, posso farle una domanda personale?» esordì il Pm.

Cazzaniga abbassò la testa affermativamente.

«Durante la sua relazione con la Casalegno, oltre che un'attrazione puramente sessuale, non c'è mai stato un momento in cui l'ha odiata per il tipo di vita che conduceva, magari fino al punto di considerarla indegna di vivere in questo mondo?»

«Mi oppongo!» reagì subito l'avvocato D'amore. «La domanda non è pertinente ed è un puerile tentativo di far apparire il mio cliente psicologicamente disturbato.»

«Accolgo l'opposizione» confermò il giudice.

Il Pm non batté ciglio. «Posso allora chiederle se la Casalegno le chiese mai di liberarla dal marito, uccidendolo?»

«No, mai» rispose sicuro Cazzaniga.

«Vuol forse farci credere che la vittima s'intrattenesse con lei in incontri d'amore, solo in virtù del suo personale fascino? O non piuttosto per indurla a uccidere il marito con la promessa di una vita insieme felice e spensierata? E che quando lei ha rifiutato di farlo, ha minacciato di rivelare a sua moglie la vostra relazione.»

«Tutto ciò è assurdo!» sbottò Cazzaniga.

«E che lei» continuò imperterrito il Pm «spaventato da questa minaccia, ha pensato bene di sistemare le cose uccidendola e infierendo sul cadavere con una sorta di raptus vendicativo?»

A questo punto intervenne con decisione l'avvocato D'amore, contestando che il pubblico ministero stava elaborando un'ipotesi senza alcun costrutto, e chiedendo al giudice di non tenerne conto nel verbale del dibattimento.

Il giudice accolse l'opposizione e aggiornò la seduta al giorno successivo.

VENTUNO

Convocato in aula dall'avvocato D'amore, Bolgetta, accompagnato dal fedele domestico Ottavio, ammise l'insano proposito di uccidere Cazzaniga, imputandolo al cieco dolore che aveva assalito un povero e vecchio marito cui d'improvviso era stato avulso il bene più caro che aveva nella vita.

«Come faceva a sapere che il teste era stato in via Dandolo quel pomeriggio, prima ancora che la notizia venisse resa pubblica?»

«Lo sapevo perché me lo riferì Cavasotto, a cui avevo dato mandato di pedinare mia moglie.»

«La fece pedinare perché, nonostante sapesse del tipo di vita che conduceva sua moglie, era geloso?»

Bolgetta prese un fazzoletto dalla tasca dei pantaloni e se lo passò sulla fronte, con la mano tremante.

«Mia moglie era una donna malata» disse quasi sottovoce. «Non poteva fare a meno del sesso.»

«Intende dire che ne aveva bisogno come una specie di terapia?»

«Ripeto, mia moglie era malata... Malata di una forma patologica di ninfomania compulsiva, che la obbligava a fare sesso con uomini sempre diversi.»

«Quindi lei sapeva, era consenziente?»

Bolgetta fece un cenno di assenso con la testa senza parlare.

«E sapeva anche che sua moglie era proprietaria dell'appartamento di via Dandolo, nel quale incontrava i suoi amanti?»

«Sì. Certo.»

«Sua moglie non lavorava, non aveva alcuna fonte di reddito, come ha potuto comprare un appartamento in una zona centrale di Milano?»

«Fui io a comprarglielo» ammise l'uomo lanciando un'occhiata a Ottavio che, in piedi accanto alla sedia a rotelle, gli deterse il sudore dalla fronte.

«Quindi lei agevolò, incentivò, in un certo senso, la patologia ninfomane di sua moglie?»

«Obiezione!» urlò a quel punto il Pm alzandosi in piedi. «Qui non si sta discutendo della vita intima del dottor Bolgetta, né prendendo in esame la sua moralità. Qui si sta dibattendo di un delitto del quale Bolgetta è soprattutto la vittima sacrificale!»

Il giudice accolse l'obiezione.

L'avvocato D'amore, al quale premeva soprattutto di far risaltare l'immagine edonistica e immorale della vittima, congedò il vecchio, affermando enfaticamente, rivolto alla giuria, che non era intenzione del suo assistito formulare denuncia di tentato omicidio contro Ermenegildo Bolgetta, in considerazione della sua età e delle sue precarie condizioni fisiche e, non da ultimo, in virtù della propria coscienza, che l'imputato riteneva fino a tal punto pulita da non dover ricorrere a simili meschinità per avvalorare la propria innocenza.

Naturalmente la pubblica accusa non si lasciò sfuggire l'occasione di ritorcere sull'imputato l'affermazione, vociando che egli rinunciava a procedere nella denuncia non certo perché impedito dalla propria coscienza immacolata e altruista, bensì dal senso di colpa che l'omicidio gli procurava fin nel profondo del suo essere. Dal momento che i fatti indicavano Cazzaniga quale colpevole dell'omicidio della Casalegno senza alcun margine di dubbio.

Il dibattito durò circa due mesi, durante i quali non emersero fatti nuovi tali da rimettere in discussione gli indizi e le prove fino a quel momento raccolti, tranne il fatto che effettivamente vennero trovate nell'appartamento di Malaspina le chiavi del portoncino di via Dandolo, che però risultarono non corrispondenti alla serratura attuale perché nel frattempo quest'ultima era stata sostituita (venne accertato che la sostituzione era stata effettuata da un fabbro poche settimane prime del delitto, circostanza che in qualche modo rafforzava l'alibi dell'uomo). Fu messo comunque in evidenza che più d'uno avrebbe avuto motivo e occasione per uccidere la Casalegno, ma che solo nei confronti di Cazzaniga esistevano prove sufficienti di colpevolezza, tra le quali la più determinante risultò essere la testimonianza di Cavasotto, il quale, nonostante la signora Carla, che in qualche modo si sentiva colpevole per averlo inopportunamente sguinzagliato sulle tracce del marito, avesse più volte tentato di convincerlo a non deporre, si rifiutò fermamente di farlo.

Restavano tuttavia insoluti molti dubbi e molte incertezze.

Ritiratasi in camera di consiglio, la giuria ne uscì dodici ore dopo con un verdetto nel quale Cazzaniga veniva riconosciuto colpevole di omicidio premeditato nei confronti della Casalegno Rossana Giuditta in Bolgetta e per tale imputazione condannato a venticinque anni di reclusione.

Il ricorso in appello apparve all'avvocato D'amore inevitabile e scontato.

***

Ci vollero, tuttavia, più di otto mesi per arrivare al secondo procedimento. Mesi durante i quali Cazzaniga, sostenuto dalla moglie Carla, con la quale le ferite passate erano state ormai completamente rimarginate, o quantomeno relegate nei fatti della vita che si preferisce non rivangare, dai figli che si dimostrarono all'altezza della situazione e dall'avvocato D'amore che si dichiarò subito più che sicuro di ottenere una sentenza questa volta favorevole, si predispose all'attesa con una tranquillità che gli derivava non tanto dalle capacità del suo difensore, di cui non aveva mai messo in dubbio la bravura, bensì dal fatto incontrovertibile che lui era effettivamente innocente, tanto da apparirgli assurda e addirittura allucinante la sola idea di venir condannato per un delitto che in realtà non aveva commesso.

La Corte d'Appello, dopo appena due ore di camera di consiglio, assolse Cazzaniga per insufficienza di prove, emanando nel contempo un procedimento di scarcerazione immediata.

VENTIDUE

Ritornato finalmente a casa dopo un anno di tribolazioni, sofferenze e paure, col fermo proposito di dimenticare il più in fretta possibile quella disgraziata parentesi della sua vita, Ernesto Cazzaniga s'accorse che purtroppo i suoi guai non erano ancora finiti.

Perduto il lavoro in banca, o per meglio dire licenziato, come una lettera della direzione del personale aveva ufficialmente sancito dopo la prima sentenza, e persa ogni speranza di riaverlo, come il direttore del personale gli aveva chiaramente lasciato intendere durante un colloquio che aveva chiesto e faticosamente ottenuto, si profilarono ben presto problemi urgenti e concreti.

A conti fatti risultò che, tra parcelle di avvocato e spese vive di normale sopravvivenza, durante quell'anno sciagurato se n'erano andati in fumo non soltanto i soldi della liquidazione, ma anche alcuni titoli e buoni del tesoro che la moglie Carla era stata costretta a vendere.

Messo con le spalle al muro, Cazzaniga non si perse d'animo: riunì la famiglia intorno al tavolo e annunciò un piano strategico di emergenza. Tale piano prevedeva di vendere la villetta di Saronno e con il ricavato comprare un appartamento a Milano, dove l'anonimato della grande città avrebbe loro consentito di dimenticare più in fretta gli infausti avvenimenti. Nel contempo, contava di mettersi a lavorare per conto proprio come consulente finanziario.

La villetta, che a detta di uno dei più importanti immobiliaristi della zona non sarebbe stata facile da vendere e avrebbe comunque richiesto un'attesa di molti mesi, trovò invece nel breve spazio di tre mesi degli acquirenti. A comprarla, fu una coppia di simpatici gay sessantenni, che non ebbero alcun imbarazzo a dichiararsi tali, provenienti da Lugano, i quali si proclamarono artisti di una certa fama, benché i loro nomi, da una ricerca effettuata da Cazzaniga su Internet, non risultassero citati da nessun sito. Pagarono comunque in contanti, senza nemmeno trattare sul prezzo richiesto, accettando la clausola di entrarne concretamente in possesso non prima che l'uomo avesse trovato l'appartamento a Milano. Il che non fu per niente facile. Ci vollero circa sei mesi di ricerche, ma alla fine trovarono un luminoso appartamento situato al quarto piano di un palazzo degli anni Cinquanta in via Morgagni, nella zona di Porta Venezia.

Non meno difficoltoso fu mettere in moto il meccanismo dell'attività professionale che Cazzaniga si era prefisso. Nonostante le numerose conoscenze che aveva nel ramo, e alcuni grossi clienti della banca che gli diedero credito, ci volle quasi un anno prima che gli ingranaggi iniziassero a muoversi per il verso giusto, consentendogli di affittare un piccolo ufficio e di assumere una segretaria a tempo pieno.

Fu giusto nella posta che come tutte le mattine quest'ultima gli mise sulla scrivania, che la lettera, vedendo la quale Cazzaniga avvertì subito un inquietante presagio, sortì dal mucchio come la carta funesta della chiromante.

L'aprì lacerandola, impaziente di scoprire quale segreto

contenesse. Il messaggio era laconico: con due righe scritte da una mano tremolante, Bolgetta lo pregava di recarsi al più presto a casa sua per urgenti comunicazioni che lo riguardavano.

Ernesto ebbe come un trasalimento, pensando subito che quell'invito nascondesse l'intento dell'uomo di portare a termine il disegno omicida che l'altra volta aveva fallito.

Figurarsi se lui ci sarebbe andato, si disse buttando la lettera nel cestino. Non ci pensava proprio!

Tuttavia, durante la mattinata, non poté fare a meno di rifletterci sopra, ipotizzando che potessero anche essere altri i motivi di quell'invito, dal quale per inciso trapelava un tono perentorio che non prevedeva né ammetteva dinieghi di alcun genere.

Che cosa vorrà ancora quel vecchio pazzo? Si domandò tormentandosi la mente alla ricerca di un motivo plausibile che giustificasse una così sorprendente convocazione.

Ripescò la lettera dal cestino e di nuovo la lesse, meditando se non fosse il caso di mettere al corrente anche il commissario Di Puma della convocazione. Ci pensò sopra un po', poi decise che non era il caso. In fondo si trattava di un vecchio che il morbo di Parkinson stava portando alla tomba: che pericolo avrebbe potuto correre?

Quella sera ne parlò con sua moglie, mostrandole la lettera spiegazzata.

«Perché non ci vai?» disse la donna dopo averla letta.

«E perché dovrei andarci?»

«Non sei curioso di sapere quello che vuole dirti?»

«Francamente non sono sicuro di volerlo sapere. E poi...»

«E poi cosa?»

«Non vorrei che avesse intenzione di portare a termine

quello che l'altra volta non gli è riuscito. E poi a che serve rivangare il passato. A niente.»

«Forse desidera semplicemente mettersi a posto la coscienza» suggerì sua moglie con una logica tipicamente femminile.

VENTITRÉ

Sospinto infine dalla curiosità di sapere, più che dal desiderio di placare l'animo di un uomo verso il quale provava un profondo senso di repulsiva pietà, dopo qualche giorno si presentò, previa telefonata annunciatrice, nell'appartamento di via Vincenzo Monti. Fu accolto dal domestico Ottavio, che lo condusse in un ampio soggiorno sobriamente arredato dove Bolgetta, di un pallore cadaverico, prosciugato nelle polpe e rinsecchito come un albero vetusto e agonizzante, lo stava aspettando seduto in poltrona con un plaid scozzese ripiegato sulle gambe.

Il tremore, un tempo concentrato nelle mani e nella testa, adesso gli scuoteva tutto il corpo con un andamento sussultorio continuo, segno evidente che il male di cui soffriva aveva ormai raggiunto il suo stadio finale.

«Mi resta ben poco tempo da vivere» esordì l'uomo con una voce sorprendentemente forte e chiara, eliminando i convenevoli. «Ma prima di morire desidero sistemare il conto in sospeso che ho con lei. Oh, non si preoccupi, non voglio ucciderla, se è questo a cui sta pensando.»

Smise di parlare e prese fiato, inalando nelle putrescenti cartilagini polmonari l'aria viziata e puzzolente di quella stanza, le cui finestre non venivano aperte da chissà quanti giorni.

«Quello che desidero è risarcirla» continuò. «Risarcirla di tutti i guai che ha dovuto passare a causa di un delitto che non ha commesso.»

«Lei allora sa chi è il colpevole! L'ha sempre saputo!» esclamò Ernesto, sbalordito.

Il vecchio alzò la mano con un gesto distaccato e forse infastidito da quella interruzione.

«Vede, io amavo quella donna. Direi di più, l'adoravo. Io ero il suo umile schiavo e lei la mia padrona assoluta. Durante il nostro precedente colloquio le dissi che i suoi incontri d'amore mi procuravano godimento. Ebbene, mentivo. In realtà soffrivo e mi tormentavo, nonostante la mia non più tenera età, o forse proprio per questo. Ogni volta la pregavo e la scongiuravo di smettere, ma lei non mi ascoltava. Rideva, mi sfotteva. Di più, esigeva che io stesso assistessi e l'aiutassi durante le accurate e raffinate vestizioni per i suoi incontri, arrivando al punto di scendere in dettagliati racconti di ciò che avrebbe fatto, di come avrebbe saputo trarre il massimo piacere sessuale dall'amante di turno.

«Accecato dall'ira, in quei momenti le riversavo addosso le offese più volgari. "Sei una lurida puttana" le dicevo, "una scrofa in calore priva di qualsiasi morale". Ma lo sconfortante risultato era quello di aumentare in lei l'eccitazione e il desiderio. Dio solo sa in quale stato di prostrazione mi ridusse. Mi sentivo sfinito, annientato fisicamente e psicologicamente. Di tanto in tanto mi assaliva il desiderio di cacciarla dalla mia casa, ma sapevo che non sarei mai stato capace di farlo, perché in realtà non potevo più vivere senza di lei. E comunque non avrei risolto il problema, perché, anche non vedendola più, avrei sempre avuto nella mente la certezza della continuità dei suoi turpi incontri. Fu così che un giorno giunsi alla tragica e disperata conclusione che c'era un solo modo per farla smettere: ucciderla.»

A Cazzaniga, che aveva ascoltato quelle parole come trasognato, tornarono in mente le ore sublimi trascorse con quella donna, la sconvolgente bellezza del suo corpo e l'insaziabile desiderio che la dominava; e benché il vecchio Bolgetta lo ripugnasse, ugualmente non poté fare a meno in qualche modo di comprenderlo.

«Quindi l'ha uccisa lei?» proferì sbalordito.

«Solo uccidendola» proseguì Bolgetta ignorando la domanda «poteva diventare mia per sempre.»

«Ma come ha potuto fare una cosa del genere?» mormorò Cazzaniga scuotendo la testa.

Il vecchio Bolgetta fece un sorriso che poteva interpretarsi come una smorfia di dolore.

«Infatti, come avrei potuto? Io l'amavo, l'adoravo. Non avrei mai avuto il coraggio di farlo, ma nemmeno la forza fisica necessaria. Ed è qui che entra in scena il mio fedele Ottavio. Fu lui che quel pomeriggio si recò nell'appartamento di via Dandolo e la strangolò mezz'ora prima del suo arrivo.»

Cazzaniga fissò il vecchio, cercando il suo sguardo che gli sfuggiva e provò un'immensa pietà per quell'uomo a cui restava poco tempo da vivere. Fu quasi sul punto di parlargli con indulgenza, nel tentativo di rincuorarlo. Invece disse in tono pacato ma duro: «E lei, pur sapendo con certezza della mia innocenza, mi ha lasciato marcire in galera per oltre un anno?».

Il vecchio non rispose. Fissava le sue mani, che adesso tremavamo vistosamente, e per un attimo Cazzaniga ebbe l'impressione che la sua vita stesse scivolando fuori dal suo corpo per sempre.

«Adesso ho ritrovato finalmente la pace» disse con una voce spettrale. «Benché quella vera, quella definitiva, quella sublime, conto di raggiungerla tra non molto al fianco di quella donna che la morte avrà certamente purificato.»

Poi chiuse gli occhi come stremato. Reclinò la testa sulla spalla e restò in silenzio. Il respiro era una specie di rantolo e un leggero filo di saliva gli colava dall'angolo della bocca.

Ernesto restò a guardarlo per qualche istante, poi uscì dalla stanza lasciandolo solo con le sue allucinazioni.

Giunto nel vestibolo s'imbatté in Ottavio.

Si guardarono un attimo negli occhi e in quel momento Cazzaniga pensò che l'aveva strangolata e mutilata, magari sospinto a compiere l'efferato delitto dalle promesse che gli aveva fatto Bolgetta di nominarlo erede di tutti i suoi beni.

«Congratulazioni!» gli venne da dire, seguendo il filo dei propri pensieri.

L'uomo s'inchinò leggermente, chissà se per ringraziare o per semplice deferenza.

«Mi perdoni, signore, desidererei mettere in chiaro che quello che le ha raccontato poco fa il dottor Bolgetta non corrisponde al vero. Deve capire, è fuori di sé dal dolore. Non ho ucciso io la signora. Né mai avrei potuto farlo, perché anch'io l'adoravo.»

Fece una breve pausa, poi proseguì: «A ogni buon conto, casomai intendesse riferire alle autorità, la informo che per quel pomeriggio del 15 luglio ho un alibi incontestabile».

«E quale sarebbe?» domandò Cazzaniga in tono leggermente ironico.

«Il dottor Bolgetta confermerà che sono rimasto con lui tutto il giorno.»

«Bella forza!» commentò lui. «Bolgetta testimonia per lei e lei testimonia per lui. Troppo comodo, non le pare?»

«È così che funziona la legge.»

«Se non è stato lei, chi è stato?»

L'uomo fece un gesto vago con la mano. «Chissà, forse uno degli amanti che lei puntualmente scaricava se non accettavano di essere complici del suo piano.»

«Piano? Quale piano?» domandò Cazzaniga fingendo di non capire.

Ottavio sorrise scuotendo la testa leggermente.

«Il piano della signora Rossana era quello di uccidere il marito» disse in tono pacato. «Recentemente lui aveva redatto un testamento che la nominava erede di tutti i suoi beni. Naturalmente non poteva ucciderlo personalmente, non avrebbe avuto né il coraggio né l'animo per farlo, quindi aveva bisogno di qualcuno che lo facesse al suo posto. In termini più brutali, di un sicario. Era per questo che andava in cerca di uomini da sedurre. Quando giudicava che l'amante di turno era cotto a puntino, gli faceva la proposta: lui uccideva il marito, lei ereditava e dopo sarebbero vissuti insieme ricchi e felici. Anche se, una volta fatto fuori il marito, lei lo avrebbe denunciato e mandato in galera per omicidio. A lei interessavano solo i soldi.»

Cazzaniga guardò il domestico e fu come se lo vedesse per la prima volta. La sua magrezza e il suo volto dai tratti esotici all'improvviso gli apparvero le credenziali perfette di un assassino.

«Scommetto che è stato lei il primo a cui l'ha chiesto?»

Ottavio abbassò la testa e fece una smorfia malinconica.

«Avrei fatto qualsiasi cosa per lei, tranne uccidere il dottor Bolgetta. Sono al suo servizio da molti anni, da prima che quella donna entrasse nella sua vita. Comunque a me non l'ha mai chiesto. Né mai avrebbe potuto farlo.»

Dall'interno della casa si sentì la voce gracchiante del vecchio Bolgetta gridare: «Ottavio, dove sei?».

Cazzaniga mise un piede fuori dall'uscio. Poi si voltò e gli chiese: «Se lei sapeva del piano di quella donna, perché non ha messo al corrente il dottor Bolgetta?».

«Perché anche lui lo sapeva. L'ha sempre saputo.»

«E ciononostante continuava a vivere con lei e accettarla nella sua casa?»

Ottavio alzò le spalle sorridendo sornione.

«Chi può sapere quello che passa nella mente ottenebrata di un povero vecchio, quando può godere di un simile piacere accanto a sé sul finire della propria vita?

La voce del vecchio Bolgetta risuonò di nuovo dall'interno della casa.

«Mi scusi, ma adesso devo andare.»

«Perché mi ha raccontato tutto questo?»

«Per farle sapere qual era il vero scopo del suo adescamento. E inoltre perché confido che lei non andrebbe mai a dirlo alla polizia.»

«Ne è proprio sicuro?»

«Sì.»

«Un'ultima domanda. Come faceva la signora Rossana a trovarsi sul treno delle sette e trenta del mattino a Saronno?»

Ottavio fece un mezzo sorriso.

«Ce la portavo in macchina dalla villa di Origgio, dove lei e il marito si trasferiscono solitamente nei mesi estivi.»

Solo più tardi, quando fu uscito in strada ed ebbe respirato a pieni polmoni l'aria fresca appena lavata da un temporale di fine estate, il Cazzaniga fu in grado di domandarsi se le rivelazioni del Bolgetta e del suo domestico fossero vere o false. Chi dei due mentiva? Il vecchio Bolgetta o Ottavio Ferretti?

Per un momento prese davvero in considerazione l'idea di informare il commissario Di Puma delle rivelazioni acquisite, che avrebbero forse contribuito a trovare il vero colpevole; ma il solo pensiero di entrare di nuovo nel ciclo infernale degli interrogatori e delle udienze lo fece per il momento soprassedere.

E poi stentava a credere che Ginevra (nella sua mente continuava a chiamarla con quel nome falso che lei gli aveva dato quel giorno alla Perla Blu) volesse eliminare il marito con la complicità di un amante. Per quale motivo avrebbe dovuto elaborare un simile piano, dal momento che il vecchio le permetteva di fare la vita che desiderava, e anzi, ne era addirittura l'artefice? Eppure, a ben pensarci, quel folle piano giustificava in qualche modo la rotazione degli amanti e la sua presenza sul treno di pendolari alle 7.30 del mattino.

Ma non voleva più pensare a quella storia. Quello che adesso gli premeva era scrivere la parola fine in fondo al capitolo più sventurato della sua vita, dal quale aveva ricavato indubbi piaceri ma anche, e in maggior misura, dolori e umiliazioni.

C'era un altro e più importante interrogativo che il tempo non sarebbe riuscito a cancellare e che gli rodeva l'animo riempiendolo di amarezza
e rammarico, e anche di un vero e proprio fastidio che sentiva nella carne oltreché nella mente: perché sua moglie lo aveva tradito?

Aveva sempre evitato di affrontare la questione, e la domanda, che gli ronzava in testa recondita e tuttavia sempre pronta ad assalirlo, era destinata a restare per sempre senza risposta. Era sicuro che sua moglie non ne avrebbe mai parlato, e che lui non avrebbe mai avuto né il coraggio né la convenienza di scoperchiare la pentola dentro alla quale ribollivano i sentimenti segreti e spesso pericolosi del misterioso animo umano, i quali, se liberati, avrebbero potuto dar luogo a una reazione a catena difficilmente controllabile.

VENTIQUATTRO

«Parlo col commissario Di Puma?»

«Sì. Chi parla?»

«Sono Clemente Pavarini.»

Il commissario rimase per un attimo incerto, poi si ricordò: il primo marito della Casalegno.

«Mi dica.»

Dall'altro capo del telefono non ci fu risposta, solo il soffio di un respiro affannoso.

«È ancora lì? Mi dica.»

«Ho ucciso quel porco del Bolgetta e il suo domestico Ottavio» proferì Pavarini con voce soffocata.

Il commissario ci mise pochi istanti per superare la sorpresa.

«Dove si trova adesso?»

«A casa di Bolgetta.»

«Rimanga lì, arriviamo subito.»

Una mezz'oretta più tardi il commissario Di Puma e l'agente Lo Forte entravano nell'appartamento al terzo piano di via Vincenzo Monti. Trovarono l'uomo seduto sul divano nel salone. Dal suo viso non traspariva alcuna particolare emozione. Anzi, aveva un'aria tranquilla, quasi soddisfatta.

«Sono di là» disse alzando la mano in direzione dello studio.

Trovarono Bolgetta seduto sulla poltrona davanti al camino spento, col capo reclinato: sembrava dormisse. Indossava una vecchia veste da camera sotto la quale si intravedeva il petto scarno cosparso di peli grigi. Ottavio era disteso sul pavimento ai suoi piedi, con indosso solo un paio di slip. Entrambi erano stati uccisi con un colpo di pistola al cuore. Mentre Lo Forte telefonava agli organi competenti, il commissario tornò nel salone, si sedette sulla poltrona dinanzi al divano e disse sospirando: «Lei è consapevole che questa confessione la porta dritto in galera?».

Pavarini scosse la testa senza parlare.

«A questo punto non le resta che raccontarmi i fatti» suggerì il commissario.

«C'è poco da raccontare, commissario. Ho reso giustizia a Rossana uccidendo quel porco omosessuale di Bolgetta e il suo domestico.»

«Con quella?» domandò il commissario indicando un vecchio revolver a tamburo abbandonato sul pavimento.

«Sì. È una vecchia pistola dell'avvocato, che sapevo teneva nel cassetto della scrivania nel suo studio. Quando sono entrato, Ottavio stava finendo di spogliarsi in piedi davanti al vecchio, che lo guardava estasiato. Una cosa vomitevole!»

«Mi scusi, ma come ha fatto a entrare nell'appartamento senza che loro se ne accorgessero?»

«Fu Rossana a darmi le chiavi, l'ultima volta in cui ci incontrammo alla Perla Blu. Disse che aveva paura. Che secondo lei il vecchio e Ottavio stavano meditando di ucciderla. E che se si fosse trovata in pericolo, mi avrebbe avvertito e io sarei potuto intervenire prontamente e senza intralci.»

«Mi scusi, ma non era il contrario, non era lei che voleva uccidere il marito?»

«Ma no! Ma no!» esclamò Pavarini alzando la mano. «Questo lo disse anche a me, ma era più che altro una battuta, una fantasia. In realtà sì, desiderava sbarazzarsi di lui, ma non uccidendolo. Come le dissi io stesso bastava solo avere un po' di pazienza: il suo stato di salute lo avrebbe mandato al creatore molto presto.»

«Tuttavia, stando alle risultanze processuali, andava sempre in cerca di uomini col proposito di trovare quello che avrebbe accettato di uccidere il marito per conto suo.»

«Ripeto, erano tutte fantasie, congetture. In una cosa sola il vecchio Bolgetta aveva ragione: Rossana era una donna malata, una ninfomane, una che non riusciva a fare a meno del sesso. Fu, infatti, questa una delle ragioni principali del nostro divorzio.»

Per un lungo momento nella stanza regnò un silenzio spettrale. Il commissario Di Puma si stava nel frattempo chiedendo dove, in tutta questa storia ingarbugliata di sesso e di corna, stesse la verità.

«Quindi il movente che l'ha spinta a uccidere Bolgetta e Ferretti è un sentimento di giustizia nei confronti della sua ex moglie?»

«Sì, commissario. Giustizia e vendetta. Perché sono stati loro a ucciderla. O meglio, il fedele Ottavio sospinto dal vecchio. Ne sono convinto.»

«Già, ma lei purtroppo non ha alcuna prova che lo confermi. E del resto, anche se le avesse, non servirebbero a condannarli, dal momento che lei li ha uccisi entrambi. E poi perché avrebbero dovuto ucciderla?»

«Per sbarazzarsi di lei. Perché, in fondo, il vecchio la odiava. Odiava la vita che conduceva e non sopportava più di mantenerla. Negli ultimi tempi Rossana non viveva più in questo appartamento, si era definitivamente trasferita in via

Dandolo, ma chi pagava tutte le spese era il vecchio, naturalmente. L'ultima volta che ci incontrammo mi disse che lui aveva intenzione di chiedere il divorzio, ma che lei non glielo avrebbe mai concesso. "Mi deve dare anche l'appartamento di via Vincenzo Monti e un sacco di soldi, se vuole che me ne vada", così diceva. Lo minacciò anche di rivelare alla stampa la sua omosessualità e le sue relazioni particolari con uomini politici di spicco. E inoltre...»

Pavarini si bloccò di colpo, come colpito da un'improvvisa paralisi.

«E inoltre?» lo sollecitò il commissario.

L'architetto si riscosse. «Deve sapere che Bolgetta, negli anni in cui fu sottosegretario alla Sanità, non denunciò, ma anzi agevolò, pur essendone al corrente, una partita di valvole cardiache difettose, di una ditta mi pare francese, destinate agli ospedali, ricavandone un bel mucchio di quattrini. Rossana mi rivelò di essere in possesso di prove inconfutabili che lo dimostravano. Magari non era vero che le aveva, ma sarebbe bastato che mettesse la pulce nell'orecchio alla stampa per attivare un'indagine giudiziaria. Non crede che ci siano motivi più che sufficienti per desiderare la sua morte?»

«Tuttavia, senza prove, tutto quello che mi ha raccontato è soltanto una serie di congetture, supposizioni» disse il commissario. «Nessun documento che convalidi una simile ipotesi è stato trovato nell'appartamento di via Dandolo.»

«Se davvero aveva in mano queste prove» suggerì Pavarini sarcastico «le avrà certamente custodite nella sua cassetta di sicurezza.»

«Quale cassetta di sicurezza? Nessuno ha mai parlato di una cassetta di sicurezza» disse il commissario corrugando la fronte.

«Ce l'aveva fin dai tempi del nostro matrimonio, nell'agenzia della San Paolo di piazza San Babila. Nemmeno Bolgetta ne era al corrente, o almeno così credo.»

Nel frattempo era arrivata la scientifica e il medico legale non poté che confermare la morte dell'avvocato e del suo domestico per colpo d'arma da fuoco al petto.

«Comunque sia» sospirò il commissario alzandosi dalla poltrona «lei si è reso colpevole di due omicidi e quindi sono costretto ad arrestarla, se ne rende conto?»

«Non mi tirerò indietro di fronte alle mie responsabilità» proferì Pavarini guardando il commissario con aria di sfida.

Il controllo che effettuò il giorno dopo presso la filiale della San Paolo in piazza San Babila, dietro mandato del giudice, risultò, come il commissario aveva previsto, del tutto inutile.

«Sì» confermò il direttore della banca «la signora Casalegno Rossana aveva qui da noi un conto corrente e una cassetta di sicurezza. Ma dopo la sua morte, non avendo fatto testamento, è passato tutto in eredità al marito, il dottor Bolgetta, il quale, dopo le pratiche necessarie, trasferì il conto e disdisse la cassetta.»

«E ciò che essa eventualmente conteneva?»

«Prelevò tutto il suo domestico dietro mandato del dottore.»

Elementare Watson, si disse il commissario uscendo dalla banca e incamminandosi a piedi in corso Venezia. Se davvero esistevano queste prove, andavano fatte sparire in fretta: nel momento in cui fossero venute alla luce, qualsiasi giudice le avrebbe ritenute un ottimo movente per l'omicidio della Casalegno e quindi avrebbe riaperto il caso. Ma ormai non contavano più né le prove delle valvole cardiache difettose, né la denuncia di Pavarini che incolpava Bolgetta e Ferretti. Ma sarà poi vero che Bolgetta fece uccidere sua moglie da Ottavio? A questo punto non lo sapremo mai, rimuginò il commissario, dal momento che Pavarini ha pensato bene di mettere fine alla questione, uccidendoli entrambi.

VENTICINQUE

La notizia apparve sui giornali il giorno seguente, con un articolo nella cronaca cittadina nel quale si informava che il dottor Ermenegildo Bolgetta, famoso avvocato cittadino ed ex deputato del defunto Partito socialista, da tempo affetto dal morbo di Parkinson, era stato ucciso, unitamente al suo domestico, con un colpo in pieno petto sparato da una vecchia pistola a tamburo. L'assassino, tale Clemente Pavarini, architetto d'interni e primo marito di Rossana Giuditta Casalegno, sposata in seconde nozze con Bolgetta e uccisa in circostanze ancora misteriose l'anno precedente nel suo appartamento di via Dandolo, ha reso piena confessione del duplice omicidio. Pavarini, già indiziato per il delitto Casalegno dello scorso anno, aveva in quell'occasione potuto dimostrare la sua estraneità ai fatti esibendo un alibi incontestabile. Nella deposizione resa al giudice Spaziani, Pavarini ha affermato di aver ucciso Bolgetta e il suo domestico Ottavio per vendetta, perché li riteneva entrambi colpevoli dell'omicidio della sua ex moglie: Bolgetta quale mandante e Ottavio quale esecutore. A fronte di tale precisa confessione, il giudice Spaziani non ha potuto fare altro che incriminare Pavarini e rinchiuderlo a San Vittore, con l'accusa di duplice omicidio.

***

L'articolo, che capitò sotto gli occhi di Cazzaniga mentre sfogliava le pagine del *Corriere* seduto dietro la scrivania del suo ufficio, lo lasciò stupito e incredulo, facendolo ripiombare di colpo in quel periodo funesto della sua vita che ancora si stava sforzando di dimenticare. Come in un film rivide nella sua mente il vetusto revolver e la mano ossuta e tremante del vecchio Bolgetta che la stringeva, puntandogliela contro. Se non si fosse inceppata... Per un istante riprovò il brivido di paura che aveva provato allora. Quanto al fatto che Bolgetta avesse indotto Ottavio a uccidere la moglie, non era poi una tesi del tutto inverosimile, in fondo era quello che lo stesso Bolgetta aveva esplicitamente affermato l'ultima volta che si erano visti. E benché il domestico avesse smentito le dichiarazioni del suo principale, in cuor suo Cazzaniga non aveva dubitato un attimo che fosse vero. D'altra parte, nei loro incontri, lei non aveva mai parlato della sua vita privata. E che costui avesse pensato bene di vendicare, a ragione o a torto, l'uccisione della sua ex moglie, eliminando il vecchio e il suo servo, francamente non gli procurava nessun vero dispiacere, ma anzi, un sentimento che gli parve assomigliasse alla gratitudine.

Chiudendo il giornale fu assalito da un tremendo ripensamento: forse, se avesse riferito al commissario Di Puma le confessioni che Bolgetta gli aveva fatto quel giorno, lui e il suo domestico sarebbero stati magari processati e condannati, e Pavarini non si sarebbe trasformato in un assassino. Non che la cosa gli creasse dei profondi sensi di colpa, intendiamoci...

Comunque, si disse sospirando, adesso il dramma poteva considerarsi finalmente e definitivamente concluso, nel bene e nel male, nella verità e nella menzogna.

***

Nel processo che si svolse l'anno successivo, Clemente Pavarini ammise le proprie colpe, riferendo che la sua ex moglie gli disse, in uno degli ultimi incontri, che aveva paura, che aveva sentore che il vecchio volesse ucciderla per mano di Ottavio. Per questo era andata a vivere stabilmente nell'appartamento di via Dandolo. Il movente lo si poteva facilmente arguire nel fatto che Bolgetta sospettava che lei avesse in mano le prove di una tangente da lui richiesta a una ditta francese, per una fornitura di valvole cardiache in seguito risultate difettose, ai tempi della sua esperienza politica. Alla domanda se lui disponesse di queste prove, Pavarini rispose negativamente, affermando con sicurezza che di certo erano state distrutte da Bolgetta subito dopo l'omicidio.

Il giudice di turno contestò che comunque queste rivelazioni non recavano alcun beneficio alla sua colpevolezza nell'omicidio di Bolgetta e del suo domestico Ottavio, reputandolo soltanto un puerile tentativo di influenzare benevolmente la giuria.

Dopo una breve requisitoria del pubblico ministero, che richiese per l'imputato reo confesso trent'anni di reclusione, e l'intervento della difesa che tentò senza successo la carta dell'infermità mentale, la corte si ritirò e dopo appena mezz'ora di seduta ritornò in aula con un verdetto di piena colpevolezza. A quel punto, il giudice non poté che confermare la richiesta del Pm e incarcerare Pavarini a San Vittore.

Il dossier del delitto Rossana Giuditta Casalegno in Bolgetta venne archiviato in mezzo a quelli assai numerosi dei casi insoluti ma non ancora del tutto chiusi, volendo con ciò significare che sarebbe stato tenuto per così dire *in caldo*, qualora fossero emersi fatti nuovi tali da giustificare la sua esumazione.

Ma nei cinque anni successivi, a esclusione di un paio di piste che si rivelarono false e inconsistenti, il commissario Di Puma non entrò mai in possesso di elementi tali da rimettere in discussione le risultanze processuali. Finché venne il giorno in cui a un solerte appuntato capitò l'incombenza di trasferire le pratiche dei casi sospesi, che nel frattempo erano stati dichiarati definitivamente chiusi, nell'archivio sotterraneo del Questura, dentro alla quale anche la nostra storia venne burocraticamente tumulata, e dove tuttora giace. A dimostrazione del fatto che, semmai ci fosse bisogno una volta di più di rammentarlo, così com'è vero che il delitto perfetto non esiste, altrettanto si può dire della verità, la quale di volta in volta assume prospettive e interpretazioni diverse, contrastanti, capaci di ingarbugliare a tal punto le umane idee, da rendere spesso impossibile stabilire con esattezza dove realmente essa si trovi.

MISTERIA

collana di romanzi investigativi, noir e del terrore

Il contratto di Baron Samedi – Eleonora Epis Perani
Le anime volano via – Marco Bovo
Criptocrazia – Paolo Ferrari
Scacco alla regina – Mario Mazzanti
Il valzer degli sfregiati – Guillaume Prévost
Il Paradiso delle donne perdute – Jean-Pierre Perrin
La resa dei conti – Rosario Cuomo
Il riflesso del lupo – Mario Mazzanti
Ossa – Louise Welsh
Messaggeri di morte – Stuart MacBride
Altravita 2.0 – Gianluca Durante
Absolution – Caro Ramsay
Il ballo dello squartatore – Guillaume Prévost
Addio Gerusalemme – Alexandra Schwartzbrod
Il segreto degli Humiliati – Mario Mazzanti
Il labirinto di Atlantide – Álvaro Bermejo
Il canto dei morti – Caro Ramsay
Verità nascoste – Craig Smith
Il numero di Dio – Vincenzo Di Pietro
Lo strano caso di Kirby Logan – Nino Branchina
Melodia fatale – Alberto Ripa, Giorgio Ripa
La scrittura della morte – Francesco Alessandro Veutro
La farfalla di Lana Turner – Simone Cerri
Scomparsa – Evonne Wareham
La famiglia Verta Rey – Paolo Ferrari
La Lancia del destino – Daniel Easterman

Bellezza mortale – Gabrielle Lord
Apocalisse – Vincenzo Di Pietro
Sfida mortale – Pietro Brambati
Gaz! – Mario Mazzanti, Mario Martucci
Com'era dolce l'inferno – Marco Bovo
L'ultimo segreto di Galileo – Aristide Bergamasco
L'ultima mossa – Alberto Ripa, Giorgio Ripa
L'agguato – Noemí Sabugal
Piper – Helen McCabe
A distanza ravvicinata – Henriette Gyland
Il palladio di Atlantide – Giuseppe Rendina
Nel buio oltre la notte – Simone Morgantini
Morte sull'acqua – Leonard Goldberg
L'ospite oscuro – Ignazio Pandolfo
La sindrome del sosia – Francesco Cro
Omicidio a Chinatown – Walter Ghilardi
Dna – Dario Giardi
Attrazione fatale – Alberto Ripa, Giorgio Ripa
Chiave di volta – Bruno Pronunzio
Il Rituale – Helen McCabe
Il principe infernale – Laura Jelenkovich
Le regole del perdono – Francesco Alessandro Veutro
Lo spirito del male – Roberto Blandino
La casa delle bambole – David Hewson
L'ultimo respiro – Luigi Martinuzzi
I sentieri della morte – Ugo Mariani
Senza tregua – Roberta Melli
Doppio gioco – Pietro Brambati
I delitti di Dante – Sergio Conca Bonizzoni
Tango down – Gianluca Durante
Intrigo a New York City – Craig Horowitz, Bill Stanton
Codice Omega – Nino Branchina
L'uomo senza volto – Roberto Leonardi

Legami di sangue – Jonathan Moore
Il padrone del tempo – Ignazio Pandolfo
Nel silenzio della notte – Raymond Benson
Neve e fango – Saverio Carlucci
Alice – Barbara Abel
L'inverno dentro – Claudio Benazzoli
L'ombra del girasole – Simona Bosco
Fashion Victim – Amina Akhtar
Possessione – Roberta Melli
La chimica del sangue – Alessio Rigillo
Svegliati – François-Xavier Dillard
Amore e vendetta – Pip Drysdale
La ragazza dai capelli rossi – Lauren Stahl
Un cesto di mirtilli rossi – Stefano Cassini
La testimonianza – Massimo Tirinelli
Fingergate – James Rayburn
Ombre dal passato – Mauro Mogliani
L'ultima donna – Jacqueline Druga
L'eco del passato – Simona Bosco
Ostaggi – Laurent Scalese
Sulle tracce di Blair Kendrick – Raymond Benson
Sangue tra gli Achei – Sergio Conca Bonizzoni
Legami pericolosi – Luisa Colombo
Il lupo e la preda – Franco Mieli

Finito di stampare
nel mese di settembre 2020
per conto di Leone Editore
dalla GECA s.r.l. - San Giuliano Milanese (MI)
Printed in Italy